Autores varios

Patakines
Cuentos afrocubanos

Edición de Rado Molina

Barcelona **2024**
Linkgua-ediciones.com

Créditos

Título original: Cuentos afrocubanos. Patakines.

© 2024, Red ediciones S.L.

e-mail: info@linkgua.com

Diseño de cubierta: Michel Mallard

ISBN rústica: 978-84-9816-603-3.
ISBN ebook: 978-84-9953-034-5.

Sumario

Brevísima presentación

Los patakines son narraciones orales de origen africano, que han sido transcritas al español. Refieren el origen de las deidades de la religión yoruba y relatan además historias de esa cultura que suelen ser interpretadas en el marco del sistema adivinatorio de Ifá. En el sincretismo cubano muchos de estos relatos han adoptado elementos de la religión cristiana o de mitos de carácter rural asociados con otras culturas de la isla de Cuba.

Sin embargo, la principal fuente de estos textos es la cultura y la lengua yoruba.

Para esta edición hemos enumerado los patakines de cada orisha (o santo) con el propósito de establecer sus múltiples variantes. Aunque algunos de ellos difieren en detalles muy pequeños, aportan elementos relevantes para la comprensión del corpus doctrinal y la cosmología afrocubana. El orden de los relatos sigue la secuencia cronológica de los mitos fundacionales del universo yoruba y pretende respetar la secuencia de causas y efectos en ellos narrada.

En el principio de las cosas, cuando **Oloddumare** bajó al mundo, se hizo acompañar de su hijo **Obatalá**. Bajo el cielo solo había agua. **Oloddumare** le entregó a **Obatalá** un puñado de tierra metido en un caracol y una gallina. **Obatalá** echó la tierra formando un montículo en medio del mar y la gallina se puso a escarbar la tierra esparciéndola y formando el mundo que conocemos.

Yemú - Obatalá - Yembo   **Aggayú - Yemayá**

Dadá, **Orula**, **Oggún**, **Ochosi**, **Babalú**, **Ifá Wa**, **Osun**   **Eleggua**   **Shangó**

Ekiti, **Alara**, **Ajero**, **Oloyemoyin**, **Emi Li Oju**   Los **Ibeyis**

Prehistoria del mundo yoruba: un ser supremo que se creó a él mismo y a todo el universo. Se le llama **Orun**, y a su vez se divide en tres aspectos:

1. **Olorun** es el eterno creador, que no tiene principio ni fin.
2. **Eleda** es la energía interior de **Olorun** de la cual todo emana. Es una energía inmaterial.
3. **Oloddumare** es el que transforma la energía en materia.

Olofi estaba en el espacio infinito, solo había fuego, llamas y vapores. Quedaron grandes huecos en las rocas, el océano, donde reside **Olokun**, deidad a la que nadie puede ver, y cuyas formas la mente humana no puede imaginar.

Yemayá madre de todos los orishas y de las estrellas y la Luna.

Entre las historias narradas en los patakines destacan tres grupos de acontecimientos rectores.

1. La creación del Universo y de los hombres

2. la traición de **Oggún** y;

3. el diluvio universal

1. Mientras se apagaba el fuego las cenizas se esparcieron por todas partes formando la tierra fértil, cuya representación es **Orisha Oko**.

Por los bosques deambulaba **Osaín**.

Yemayá decidió darle venas a la tierra y creó los ríos, de agua dulce y potable, para que cuando **Olofi** quisiese creara al ser humano.

Entonces vino Ibaibo y comentó:

—Muy bien, muy lindo. Pero no oigo qué hablan.

—Ibaibo —dijo **Olofi**— dale la palabra y la vista.

Ibaibo hizo una ceremonia. Con un cuchillo le abrió la boca a la cabeza y en medio de la lengua trazó una cruz.

Olofi perturbado por el estado del mundo se alojó entre las nubes y el azul celeste. Desde allí observó el comportamiento del ser humano, vio que el mundo se poblaba en exceso, y al no existir la muerte, decidió crearla, llamándola **Ikú**.

2. **Oggún** vivía con sus padres, **Obatalá** y **Yemayá** y junto a sus hermanos **Ochosi** y **Elegguá**. Estaba enamorado de su madre y quiso violarla, pero no lo consiguió debido a la vigilancia de **Elegguá**.

Poco después, **Oggún** se acostó con su madre y fue sorprendido por **Obatalá**. Antes de que éste pudiera decir nada, Oggún gritó:

—Yo mismo me maldigo. Mientras el mundo sea mundo solo trabajaré para la Ocha.

Entonces se fue al monte con sus perros, se escondió de los hombres y ningún orisha consiguió verlo, solo **Ochosi**, su hermano el cazador.

3. Los orishas pidieron a **Oloddumare** que oyera sus súplicas y acabara con el diluvio. Entonces decidieron mandarle mensajes con las aves. Probaron con varias pero ninguna podía volar tan alto.

Habían perdido toda esperanza cuando apareció un aura tiñosa y se ofreció para llevar el mensaje. Todos rieron sin saber que el aura hablaba en nombre de **Oshún**. Y cuando el aura preguntó qué mensaje querían dar a **Oloddumare**, nadie supo qué decir.

El aura voló varios días decidida a darle su propio mensaje a **Oloddumare** y, vencida por la fatiga, vio una luz muy grande que nunca antes había visto.

Se trataba de **Oloddumare** y el aura le dijo que aunque en el mundo había personas malas, otras se regían por la ley de **Oloddumare** y esas personas no merecían morir junto al resto.

De regreso el aura se transformó ante los orishas en **Oshún** y la lluvia cesó.

Cosmología

1. Olofi

Olofi es tan poderoso que hacer el mundo le pareció algo fácil; aunque una cosa es hacer algo y otra que funcione.

Cuando distribuyó los cargos entre sus hijos, se encontró con que los hombres siempre se peleaban y tuvo que nombrar a Ayágguna, el orisha de las pendencias. Sin embargo, como Olofi es la paz, porque es completo, no podía comprender por qué Ayágg_na siempre estaba atizando las peleas. Así que un día le dijo:

—¡Por favor, hijo mío! Quiero la paz. Yo soy la paz, yo soy Alámorere, bandera blanca. Prima chinchaboré

A lo que Ayágguna le respondić:

—Si no hay discordia no hay progreso, porque haciendo que quieran dos, quieren cuatro, triunfa el que sea más capaz, y así el mundo avanza.

—Bien —dijo Olofi— si es así, el mundo durará hasta el día en que le des la espalda a la guerra y descanses.

Ese día aún no ha llegado y Olofi comprendió que su creación dejaba mucho que desear. Se desilusionó y, desde entonces, ya no interviene directamente en las cosas del mundo.

2. El origen del mundo

Olofi estaba en el espacio infinito, solo había fuego, llamas y vapores. Y Olofi desató un diluvio.

Así quedaron grandes huecos en las rocas, el océano, donde reside Olokun, deidad a la que nadie puede ver, y cuyas formas la mente humana no puede imaginar. En los lugares más accesibles del océano nació Yemayá con sus algas, estrellas de mar, corales, peces de colores, coronada con Ochumare, el arco iris, y vibrando con sus colores azul y plata. Fue nombrada madre universal, madre de todos los orishas; de su vientre nacieron las estrellas y la Luna; este fue el segundo paso de la creación.

Oloddumare, Obatalá, Olofi y Yemayá decidieron que el fuego extinguido en algunas partes y que en otras estaba en su apogeo, fuera absorbido por las entrañas de la tierra, por el temido y venerado Aggayú Solá, el volcán y los misterios profundos.

Mientras se apagaba el fuego, las cenizas se esparcieron por todas partes formando la tierra fértil, cuya representación es Orisha Oko, que la fortaleció, y permitió las cosechas y el nacimiento de los árboles, frutos y hierbas.

Por sus bosques deambulaba Osaín, con su sabiduría ancestral sobre las propiedades curativas de las hierbas, palos y maderas.

Donde cayeron las cenizas, nacieron las ciénagas; de sus aguas estancadas surgieron las epidemias y enfermedades, personificadas por Babalú Ayé, Sakpaná o Shapaná.

Yemayá decidió darle venas a la tierra y creó los ríos, de agua dulce y potable, para que cuando Olofi quisiese creara al ser humano. Así surgió Oshún la dueña de los ríos, del amor, de la fertilidad, y de la sexualidad. Las dos se hermanaron en un lazo estrecho y fecundo.

Obatalá le hizo notar a Olofi que a sus hombres les faltaba algo.

—Algo con qué pensar...

Obatalá, que era modelador e iba a hacerse cargo de las almas, hizo las cabezas.

Pero la cabeza pensaba. De un modo distinto, enmarañado, que nadie puede imaginarse ya. Pensaba con mucha dificultad —pejugones de ideas— y lo que pensaba se lo callaba... y si lo decía, las otras cabezas no entendían nada, porque cada cabeza pensaba lo suyo.

Y aquí comenzó el caos: Obatalá, limpio y puro comenzó a sufrir los desmanes de los hombres, los niños se limpiaban en él, el humo de los hornos lo ensuciaba.

Como él era el todo, le arrancaban jirones pensando que era hierba.

Perturbado por tanta suciedad, se elevó, y se alojó entre las nubes y el azul celeste. Desde allí observó el comportamiento del ser humano, vio que el mundo se poblaba en exceso, y al no existir la muerte, decidió crearla, llamándola Ikú.

Se puso a meditar al respecto y decidió que fuera como los demás orishas, pero Ikú estaba molesto porque Olofi le había dicho que solo podría disponer del ser humano cuando él lo decidiera. Ikú se fue a quejar a Olofi mientras éste se comía una adié; iba vestido de gris y al acercarse para hablarle, manchó su ropa con sangre (Ofún Meyi) y se puso tan, pero tan furioso, que toda su ropa se tiñó de negro. Entonces Olofi le dijo:

—¿Tú no querías ser distinto a os demás orishas? Pues a partir de hoy, te vestirás y escribirás en negro y todo lo que tengas alrededor será negro.

To Iban Eshu.

3. Olofi y la ley

Una vez Olofi citó a todos los animales a una reunión con la intención de darle a cada uno su posición según su género.

Olofi explicaba el deber de cada uno y la moral que debían observar y todos los animales estaban atentos a Olofi, pero en esos instantes se apareció la perra. El perro, que presenciaba aquella reunión, abandonó el lugar siguiendo a la perra. Cuando logró alcanzarla, lo primero que hizo fue olerle el obo y pasarle la lengua, tocando la fatalidad de que la perra tuviese ashupua.

En esto, Olofi vio lo que hacía el perro y lo increpó indignado; diciéndole que era inmoral y sucio lo condenó a que fuera siempre un pordiosero, a padecer enfermedades pestilentes y a que siempre que quisiese aparearse con la perra la encontrase menstruando.

El owunko, que era un secreto enemigo del perro, fue el único animal que lo acusó y lo ultrajó duramente. Olofi que ignoraba los sentimientos del owunko hacia el perro, lo felicitó por su comportamiento y el perro fue expulsado de la reunión. Al terminar la reunión cada cual se fue a su casa. Pasado un tiempo, el owunko se vanagloriaba de ser moral en su trato con la eure.

Entre los animales que aquel día se habían reunido con Olofi, la lombriz, el majá, la hormiga, la mosca y el ratón no vieron con buenos ojos la intervención del owunko contra el perro y juraron vigilar al owunko día y noche.

Un día, tras una paciente vigilancia, el ratón ekute, que era el más encarnizado enemigo del owunko, pudo ver que éste a la hora de ir a Ofikale Trupon con la eure, primero le olía el obo y después le pasaba la lengua. El ekute, citó a los demás animales para que ellos lo comprobaran por sí mismos y entonces el owunko fue expulsado de su pueblo y condenado por Olofi a vivir errante y ser perseguido por el perro.

4. Los primeros hombres

Tras crear el universo Olofi se dijo:

—Voy a hacer a los hombres para que animen los caminos.

Sin embargo, se ignora por qué Olofi solo hizo los cuerpos de los hombres y no hizo las cabezas.

Los cuerpos que hizo Olofi se movían. Iban de un lado a otro, pero sin dirección. Andaban sin cabeza y sin rumbo. Continuamente se rompían brazos y piernas.

Iroko

En los principios del mundo, el cielo y la tierra tuvieron una discusión. La tierra decía que era más vieja y poderosa que su hermano el cielo:

—Yo soy la base de todo, sin mí el cielo se desmoronaría, porque no tendría ningún apoyo. Yo creé todas las cosas vivientes, las alimento y las mantengo. Soy la dueña de todo. Todo se origina en mí, y todo regresa a mí. Mi poder no tiene límites.

El rey Sol, obbá Olorun no respondió, pero hizo una señal al cielo para que se mostrara severo y amenazante.

—Aprende tu lección —dijo el cielo mientras se alejaba—. Tu castigo será tan grande como tu orgullo.

Iroko, la Ceiba, meditó preocupada en medio del gran silencio que siguió al alejamiento del cielo. Iroko tenía sus raíces hundidas en las entrañas de la tierra, mientras que sus ramas se extendían en lo profundo del cielo. Iroko comprendió que había desaparecido la armonía y que el mundo conocería la desgracia. Hasta ese momento el cielo había velado sobre la tierra para que el calor y el frío tuvieran efectos benévolos sobre las criaturas del mundo. La vida era feliz y la muerte venía sin dolor. Todo pertenecía a todos y nadie tenía que gobernar, conquistar, ni reclamar posiciones. Pero la enemistad del cielo lo cambió todo. No llovía y un Sol implacable lo calcinaba todo. Llegó el tiempo de los sufrimientos y la fealdad apareció sobre la tierra.

Una noche, aparecieron la angustia y el miedo. Luego llegaron las desgracias: toda la vegetación desapareció y solo Iroko permaneció verde y saludable porque, desde tiempo inmemorial, había reverenciado al cielo. Iroko les daba lecciones a aquéllos que podían penetrar en el secreto que estaba en sus raíces. Entonces éstos reconocieron la magnitud de la ofensa y se humillaron y purificaron a los pies de la Ceiba haciendo ruegos y sacrificios al cielo.

Muchos mensajeros fueron enviados a lo alto, pero ninguno pudo llegar. Solo Ara Kolé, el aura tiñosa, consiguió transmitir las súplicas de los hombres a lo alto. El cielo se conmovió y grandes lluvias se precipitaron sobre la tierra. Lo que quedaba vivo en ella se salvó gracias al refugio que le ofreció Iroko. Luego volvieron a brotar las plantas, aunque nunca regresaron los días felices del principio del mundo. El cielo ya no era enemigo, pero permaneció indiferente.

Iroko salvó a la tierra y, si la vida no es más feliz, hay que culpar al orgullo.

1. Elegguá en osatura

Obatalá tenía un hijo desobediente y descreído llamado Nifa Funke, que le daba muchos dolores de cabeza.

Desde su escondite en las malezas, Elegguá veía cómo Nifa maltrataba a su padre de palabra y de obra, y decidió darle un escarmiento.

Un día en que Nifa Funke había andado una larga distancia y estaba muy sudado, se arrimó a un árbol para refrescarse con su sombra. Elegguá sacudió el árbol, del que cayeron muchas hojas y polvo que enfermaron a Nifa.

Entonces Obatalá, desesperado, pidió ayuda. Y Oggún, que venía por el camino llevando tres cuchillos, le rindió moforibale a Obatalá y le preguntó qué pasaba.

Al enterarse de lo sucedido, Oggún llevó a Nifa al río, lo bañó con hierbas y lo restregó con el acho fun fun de su padre.

Pero aunque le hizo ebbó, le dijo que debía ir a consultar con Orula. Elegguá, que seguía escondido escuchando, decidió cerrarle todos los caminos.

Hasta que se apiadó de Obatalá, se inclinó a sus pies y le rindió moforibale, diciéndole:

—Yo voy a salvar a tu hijo, Baba.

Mandó a regresar al atribulado padre y salió rumbo al ilé de Orula. Cuando llegó, se escondió y Nifa Funke se pudo consultar por fin con Orula. Éste, al tirarle el ékuele, le ordenó limpiarse con tres pollos y yerbas y entregárselos a Elegguá, quien lo salvaría de todas sus malas situaciones.

2. Por qué se saluda primero a Elegguá

El hijo de Olofi sufría porque su padre estaba muy grave y no había modo de curarlo, ya muy desesperado se le presentó Elegguá y le preguntó por qué estaba tan triste, éste le contestó que su padre estaba muy enfermo y no tenía cura. Elegguá le preguntó entonces:

—¿Qué cosa me darás si curo a tu padre?

Y él le respondió:

—Lo que tú quiieras.

Elegguá le dijo que fuera a la playa, que allí se encontraría con una mujer gorda sentada en un pilón y que bajo ese pilón estaba el secreto que curaría a su padre; sin embargo, para obtener ese secreto tendría que sostener una gran lucha con esa mujer y derribarla. El muchacho fue a la playa, luchó con la mujer y la venció, cogió el secreto y lo llevó consigo, se lo dio a la prenda de su padre, y éste se curó.

A los tres días el muchacho salió a buscar a Elegguá para darle lo que él quisiera, lo encontró y éste solo le pidió que se le concediera estar siempre detrás de la puerta para que cuando entrara todo el mundo lo tuviera que saludar primero y así fue (el secreto era un huevo de paloma).

3. Elegguá cura a Olofi

En cierta oportunidad Olofi padeció un mal misterioso que le impedía trabajar en sus labranzas. Todos los santos habían intentado aliviarlo, pero sus medicinas no habían logrado ningún resultado.

El padre de los orishas, el Creador, ya no podía levantarse, pues se encontraba extenuado, débil y adolorido.

Elegguá a pesar de sus pocos años pidió a su madre Oyá que lo llevase a casa de Olofi: asegurándole que lo curaría.

Oyá lo llevó. Elegguá escogió unas yerbas, hizo un brebaje y tan pronto Olofi lo consumió, haciendo una larga mueca, empezó a sanar y a fortalecerse deprisa. Agradecido Olofi, ordenó a los orishas mayores que precedieran a Elegguá. Depositó en sus manos unas llaves y lo hizo dueño de los caminos.

Desde aquel día toleró con ilimitada paciencia las travesuras de Elegguá.

4. Elegguá come por primera vez

Elegguá comía desperdicios, pero al enfermar de gravedad Olofi, fueron todos los sabios a verlo y nadie pudo curarlo. Elegguá se puso un gorro blanco como el que usan los babalaos y con sus yerbas muy pronto lo curó.

Olofi le dijo:

—Tantos sabios como tengo y ninguno consiguió curarme. Elegguá, pide lo que quieras, muchacho.

Y éste que conocía la miseria le contestó:

—Quiero comer antes que nadie y que me pongan en la puerta para que me saluden antes que a nadie también.

—Así será —dijo Olofi— y además te nombro mi mensajero.

5. Elegguá dios de los caminos y encrucijadas

Cierto día Olofi pidió a Elegguá que le trajese a todos los santos a su casa. Elegguá fue y les dijo que aquella era una orden de Olofi, que no lo ofendiesen faltando a la cita.

Todos fueron en la noche muy bien vestidos con sus mejores prendas, menos Elegguá, que aunque fue vestido de blanco, fue muy humilde y honesto.

Olofi los llamó uno a uno y les entregó una calabaza. Todos la recibían con frialdad y desprecio, y al ir camino a sus casas cada uno tiró su calabaza en el camino. El último en salir fue el humilde y obediente Elegguá, que iba muy contento montado en su caballo muy flaco, y vio con sorpresa a lo largo de todo camino las calabazas que Olofi les había dado a los demás. Elegguá pensó en lo triste que se pondría Olofi si supiera qué habían hecho con sus calabazas, se desmontó del caballo y las recogió una por una hasta llegar a su casa. Allí le contó a su mujer el reparto hecho por Olofi entre los orishas, cómo éstos habían despreciado al supremo creador tirando las calabazas en el camino y cómo él las había recogido. La mujer le dijo que no había nada que cocinar en la casa y Elegguá le contó que las calabazas estaban repletas de monedas de oro. De inmediato regresó a darle a Olofi la buena nueva. Olofi lo recibió, escuchó en detalle el relato de lo sucedido y dijo:

—Ésas calabazas son tuyas, por ser un buen hijo, y muy obediente, por todas estas virtudes serás dueño de los caminos y encrucijadas, y comerás siempre primero que los demás.

6. Elegguá salva al loro

Olofi organizó un concurso y convocó a todos los pájaros para decidir cuál era el más hermoso. Todas las aves se prepararon, y el loro, que siempre había tenido finas y lindas plumas, empezó a jactarse de su apariencia. Las demás aves le tenían mala voluntad, imaginaron que Olofi lo declararía el más bello, y le pidieron ayuda a un brujo que vivía apartado en la montaña.

El viejo les preparó un afoché para que se lo soplaran al loro cuando llegara al concurso. De camino hacia el lugar el loro no se dio cuenta de que entre la maleza estaban escondidas unas aves que a su paso le echaron el afoché, le hicieron perder el sentido y la cabeza empezó a darle vueltas. Perturbado, y sin saber dónde estaba, el loro se encontró con Elegguá y le contó lo sucedido.

Elegguá se dio cuenta de lo que habían hecho con él y lo guió por otro camino que atravesaba un río en el que sus plumas quedaron limpias.

Cuando llegaron, Elegguá le contó a Olofi lo sucedido y éste dijo que ya que habían querido hacerle daño, a partir de ese momento las plumas del loro servirían como arma para contrarrestar cualquier afoché. Basta decir que el loro ganó el premio.

7. La muerte de Elegguá

Elegguá era hijo de Okuboro, rey de Añagui. Un día, andaba con su séquito y vio en el suelo una luz con tres ojos.
Al acercarse descubrió que era un coco seco. Elegguá se lo llevó a su palacio, lo mostró a sus padres y lo tiró detrás de una puerta.

Poco después todos se quedaron asombrados al ver una luz que salía del obbí. Tres días más tarde, Elegguá murió.

Todo el mundo le cogió mucho respeto al obbí, pero con el tiempo, la gente se olvidó de él. Pronto el pueblo estuvo en una situación desesperada, los arubbó se reunieron y llegaron a la conclusión de que la causa era el abandono del obbí.

Éste, en efecto, estaba vacío y comido por los bichos.

Los viejos acordaron hacer algo duradero y pensaron en colocar una piedra de santo (otá) en el lugar del obbí, detrás de la puerta.

Para comunicar los secretos de la vida y la muerte le pusieron una mano de caracol (veintiún caracoles), y le dieron a cada signo un nombre. Así las historias fueron contadas según los signos hasta los días de hoy.

Fue el origen de Elegguá como orisha.

Por eso se dice: «Ikú lobi ocha» (El muerto parió al santo).

Oggún

Oggún, el dueño del hierro, es un hombre de monte irascible y solitario. Cuando los orishas bajaron a la tierra él se encargó con su machete infatigable de cortar los troncos y las malezas para abrirles paso.

Vivía entonces en casa de sus padres, Obatalá y Yemú y junto a sus hermanos Ochosi y Elegguá.

Oggún estaba enamorado de su madre y varias veces quiso violarla, pero no lo consiguió debido a la vigilancia de Elegguá.

Poco después, Oggún se las arregló para conseguir su propósito pero fue sorprendido por Obatalá.

Antes de que éste pudiera decir nada, Oggún gritó:

—Yo mismo me maldigo. Mientras el mundo sea mundo solo trabajaré para la Ocha.

Entonces se fue al monte sin más compañía que sus perros, se escondió de los hombres y ningún orisha consiguió verlo, solo Ochosi, su hermano el cazador.

Trabajaba sin descanso, pero estaba muy amargado. Además de producir hierros, se dedicó a esparcir ofoché por todas partes y el arayé comenzó a dominar el mundo.

Cuando Oshún se metió en el monte, lo atrajo con su canto y le hizo probar la miel de la vida. Aunque Oggún siguió trabajando, perdió la amargura, no volvió a hacer ofoché y el mundo se apaciguó.

Hay quienes dicen que cuando salió del monte, Oshún lo llevó hasta Olorun, quien lo ató con una cadena enorme, pero esto es una fábula. ¿Qué cadena podía ser más fuerte que la miel de Oshún?

Osun

Osun era el vigía de Obatalá. Obatalá vivía con su mujer, Yemú, y sus hijos Oggún, Ochosi y Elegguá. Oggún era el preferido y sus hermanos tenían que obedecerlo. Sin embargo, Oggún estaba enamorado de su madre y varias veces estuvo a punto de violarla, pero Elegguá siempre le avisaba a Osun, que venía y lo regañaba. Por ello Oggún echó a la calle a Elegguá y le dio montones de maíz a Osun para que no lo delatara. Así Osun comía y luego dormía y Oggún podía disfrutar de su madre.

Elegguá, enterado de lo sucedido, se lo contó todo a Obatalá, que no le quería creer. No obstante, al otro día volvió más temprano, vio a Osun acostado y a Oggún abusando de su madre, y entró en la casa furioso. Ese día Oggún se maldijo a sí mismo y Obatalá le dijo a Osun:

—Confiaba en ti pero te vendiste por maíz —entonces nombró a Elegguá su vigilante. Y Osun perdió el cargo.

Ochosi

Ochosi es el mejor de los cazadores y sus flechas no fallan nunca.

Sin embargo, en una época nunca podía llegar hasta sus presas porque la espesura del monte se lo impedía. Desesperado fue a ver a Orula, quien le aconsejó que hiciera ebbó.

Ochosi y Oggún eran enemigos porque Eshu había sembrado cizaña entre ellos, pero Oggún tenía un problema similar. Aunque nadie era capaz de hacer trillos en el monte con más rapidez que él, nunca conseguía matar a sus piezas y se le escapaban. También fue a ver a Orula y recibió la orden de hacer ebbó. Los dos se fueron al monte a cumplir con lo suyo. Sin darse cuenta, Ochosi dejó caer su ebbó sobre Oggún, que estaba recostado en un tronco. Tuvieron una discusión fuerte, pero Ochosi se disculpó y se sentaron a conversar y a contarse sus problemas. Mientras hablaban, a lo lejos pasó un venado. Veloz como un rayo, Ochosi se incorporó y le tiró una flecha que le atravesó el cuello dejándolo muerto.

—Ya ves —dijo Ochosi—, yo no lo puedo coger.

Entonces Oggún cogió su machete y muy pronto abrió un trillo hasta el venado. Muy contentos llegaron hasta el animal y lo compartieron. Desde ese momento convinieron en que eran necesarios el uno para el otro y que separados no eran nadie, por lo que hicieron un pacto en casa de Orula. Por eso Ochosi, el cazador, siempre anda con Oggún, el dueño de los hierros.

1. Orula

Obatalá estaba cada vez más desmemoriado y no lograba aliviar la situación de los suyos, y aunque su mujer comprendía de dónde venía el mal, no decía nada. Shangó, vio así a Obatalá, quiso aprovechar la oportunidad para sacar a Orula del cautiverio en el que estaba sumido, y le habló a Obatalá mientras éste en silencio lo contemplaba y meditaba sobre sus sufrimientos.

—Padre, yo siempre he tenido su aceptación; cada vez que le he dicho algo usted ha visto que he estado en lo justo y ha salido adelante.

—Es verdad, hijo mío —respondió Obatalá.

—Antes de mi nacimiento —siguió diciendo Shangó—, usted juró no criar varones y nació Orula, y usted lo enterró...

—¿Y eso qué tiene que ver? —interrumpió Obatalá.

—Espere padre —continuó Shangó—, después de Orula nací yo y aún me tiene ante su presencia: usted sabe que Olofi lo sabe todo, y como todos los varones somos iguales ante él, es posible que esa sea la causa de todas estas desgracias que padecemos.

—Hijo mío, ya nada puedo hacer, Orula está en manos de Olofi...

—Tal vez no, padre —continuó Shangó—, como usted es tan bueno, quizás Olofi haya tenido compasión...

—Padre, yo creo que Orula vive —interrumpió Elegguá.

—¿Y tú cómo lo sabes? —interrogó Obatalá.

—Porque un día al pasar ante una Ceiba, vi un hombre enterrado hasta más arriba de la cintura, me compadecí de él, y desde ese día me dediqué a llevarle comida a diario; y como vi que Shangó habló de alguien que estaba enterrado, pensé que ese hombre era Orula...

—¡Es verdad! ¡Ese es Orula! —sentenció Obatalá.

—Pues Orula, es quien puede salvar la situación —concluyó Shangó—. Él tiene la virtud de Olofi y puede decirle cómo arreglarlo todo.

—Está bien, hijos, iré donde Orula.

Partió. Como no estaba bien de la memoria, no recordaba el camino, pero Elegguá se le aparecía en todas las encrucijadas, disfrazado, para guiarlo, y cada vez que Obatalá era atendido, le pagaba con comidas.

Al fin llegó donde estaba Orula.

—Iború Babamí —lo saludó Orula a su llegada.

—Ibocheché Orula —respondió Obatalá, y le contó el motivo de aquella visita.

—¿Qué puedo hacer así como estoy? —dijo Orula—; yo no puedo trabajar sin tablero...

Obatalá de inmediato lo liberó, cortó un pedazo de Ceiba, hizo un tablero y se lo entregó. Cuando Orula recibió el tablero de manos de su padre dijo:

—Iború apetebí a Orula.

Porque el propio Obatalá le alcanzó el tablero y sirvió de apetebí.

Orula preparó todo y empezó a trabajar, y lo primero que hizo fue decir estas palabras:

«Maferefún Olofi, maferefún Shangó, maferefún Elegguá, maferefún Obatalá.»

2. Shangó y Elegguá salvan a Orula

Orula estuvo enterrado hasta los hombros al amparo de una Ceiba, porque nació después de un juramento que hizo Obatalá de no tener más hijos varones.

Al pasar los años, el anciano rey perdía la memoria y la adversidad lo seguía. Shangó insinuó que el origen de aquellos males era el enterramiento de Orula.

—¿Y qué puedo hacer ahora? —preguntó Obatalá— Orula está en manos de Olofi. Yo mismo lo enterré vivo bajo una Ceiba.

Pero el anciano dios ignoraba que Elegguá lo había seguido y había visto que Orula tenía la cabeza y los brazos fuera de la tierra; que todos los días su madre, Yemayá, le mandaba comida con Elegguá; que la Ceiba lo protegía; y que Orula vivía preso por el juramento de Obatalá, la palabra de su padre.

Entonces Elegguá le dijo a Obatalá que había visto a un negro colorado, enterrado hasta los hombros en una Ceiba.

Shangó intercedió a favor de Orula:

—Orula, Babamí, tiene la gracia de Olofi en su lengua y en sus ojos y puede poner fin a nuestros males.

Obatalá decidió buscar a Orula con ayuda de Elegguá y desenterrarlo; cortó un pedazo del tronco de la Ceiba, hizo un tablero para adivinar y se lo entregó a su hijo Orula, a quien hizo dueño de Ifá y del tablero.

3. La pobreza de Orula

Durante una época de penuria Orula, de la aldea de Koró, y Aábo, su mujer, de la ciudad de Ijero, hicieron una adivinación de Ifá para Orula el día en que fueron invitados tres viajeros.

Orula no tenía ni un caurí para gastar y llamó a su mujer y le pidió que fuera al mercado a vender sus bienes.

Cuando Aábo llegó al mercado de Ejigbomekun, el irké de Orula, que había comprado por 600 cauríes, fue estimado en 120 cauríes; y la sábana bordada con que recubría sus instrumentos de adivinación de Ifá, y que había costado 1.600 cauríes, fue estimada en 21 cauríes. Aábo lloró en silencio, en lugar de llorar con gran ruido; recitó versos de Ifá, y dijo que los objetos habían sido valorados por debajo de su precio de compra. Orula le respondió recitando, a su vez, poemas de Ifá y le ordenó que pese a todo vendiese los objetos.

Aábo los vendió y con el dinero compró alimentos que llevó a la casa.

Los tres visitantes extranjeros: la Muerte, la Enfermedad y Eshu comieron y se sintieron satisfechos.

4. El fin de los sacrificios de seres humanos

Cierto día Orula salió a pasear al campo y cayó en un pozo. Pasaron tres hombres y lo escucharon cantar una melodía, se asomaron al pozo, vieron que era Orula y dijeron:

—Dejémoslo ahí, se morirá de hambre y no habrá quién imponga la ley.

Sin embargo, Orula tenía una pierna de venado en su saco, que comió para saciar el hambre. Al cabo de un tiempo pasaron tres mujeres, lo oyeron y decidieron sacarlo del pozo; unieron sus mantas, no alcanzó para rescatarlo de allí y decidieron quitarse sus faldas. Al salir del pozo Orula vio que todas las mujeres lloraban... y les preguntó por qué; una dijo que lloraba porque todos los hijos que paría morían, la otra dijo que nunca podía dar a luz a pesar de embarazarse y la otra comentó que nunca quedaba embarazada. Entonces, Orula dijo:

—Desde hoy todo cambiará —y durmió con las tres mujeres. Todas se embarazaron, todas dieron a luz sus hijos y todos vivieron.

Pasados unos años, Orula oyó la melodía que entonaba desde un pozo una joven que iba a ser sacrificada y le preguntó dónde la había aprendido. Ella le dijo que su madre la cantaba siempre que la peinaba y que, a su vez, la había aprendido de Orula cuando éste estuvo preso en un pozo. Orula le preguntó el nombre de su madre y la doncella contestó que era Oshún y Orula entendió que había conocido a esa bendita mujer; y que estaba ante su hija.

Para salvarla prohibió el sacrificio de seres humanos. Desde entonces no hay más sacrificios, así Orula salvó a su hija de la muerte.

5. Ikú y Orula

Hubo un tiempo en que la gente se rebeló contra Orula y se unió para matarlo. Un día Orula estaba en la puerta de su casa, había hecho ebbó, también le dio de comer a su cabeza (y con los pelos del chivo y el gallo del ebbó se pintó la cara para ocultar su identidad). Llegó la muerte y le preguntó si allí no vivía un hombre colorado. Orula le contestó que no, que el único que vivía era él; Ikú se marchó pero más tarde regresó porque supo que aquella era la casa que buscaba. Ya Orula había terminado de cocinar los animales con que había hecho el ebbó e invitó a Ikú a comer.

Éste entró, comió y bebió tanto que se quedó dormido, momento que Orula aprovechó para esconderle la mandarria con que Ikú mata a la gente. Cuando Ikú despertó preguntó enseguida por su mandarria, Orula le respondió que no la había visto. Fue tanta la insistencia de Ikú que llegó a prometerle que si se la devolvía no la mataría ni a él ni a ninguno de sus hijos;

así Orula venció a la muerte y éste es la razón por la que los hijos de Orula pueden salvar a cualquiera que esté en peligro de morir.

6. Orula y la protección contra Ikú

En tiempos lejanos los santos eran reyes o reinas, y eran reconocidos como los más sabios, de tal forma que ningún súbdito podía aspirar a saber más que ellos. Ikú deambulaba de noche oculto tras su vestido negro, y se llevaba a todo el que se le antojara. Las únicas tierras que respetaba eran las de Oggún y Oshún; y tanto daño hizo, que los demás orishas decidieron ir a casa de un sabio en la tierra de Ara Ifé, donde la muerte no llegaba. Se quedaron sorprendidos al ver que este awó utilizaba unas semillas negras, divididas en dos, enganchadas en una cadena (ékuele), y dos collares: uno de semillas amarillas y otro de semillas verdes. No sabían para qué se utilizaban, pero eran iguales a las que se llevaban en los territorios de Oggún y Oshún, donde la muerte no hacía estragos.

Ninguno de los reyes se atrevió a comentar lo que había visto, por temor a que el awó fuera amigo de la muerte o tuviera algún pacto con ella, y penetrase en su tierra de Ara Ifé Ocha. Entonces Obatalá, al ver la confusión, apareció y les dijo:

—Yo descubro lo bueno y lo malo por ser hijo predilecto de Olofi y el intermediario entre ustedes y él. Comprendo que no se atrevan a decir lo que piensan pues temen a este sabio, que puede ser amigo de la muerte y también de Oggún y Oshún.

Obatalá, alzó los ojos al cielo y añadió:

—Como no han sido capaces de unirse en la tierra por la ambición del poder, vengo con los dieciséis rayos de Sol que Olofi me entregó para lograr esa unidad. Esta es la casa sagrada de Ifá, que ustedes no han querido reconocer por no llevar nombre de reyes, donde viven Olofi y Orula el sabio. Este es el único a quien la muerte obedece en la Tierra.

Orula saludó con todo respeto a Obatalá y registró, saliendo el oddun Ogbe Fun, donde se unen las semillas verdes y amarillas. El verde es su color y el amarillo el de Oshún, y marcan dónde el oro, la sangre y la vida constituyen la mitad del mundo. Las semillas negras con la cadena representan a Oggún, quien significa, por mandato de Olofi, la muerte. Por eso no moría nadie en Ara Ifé Ocha; tras terminar el registro Orula mandó a colocar detrás de la puerta de la casa una bandera blanca.

Orula explica que, al lograr la unificación de todos ellos, se les entrega el idefa.

7. Los hijos

Orula tuvo ocho hijos y los llamó Ekiti, Alara, Ajero, Oloyemoyin, etc., etc. Tiempo después estos nombres se convirtieron en nombres de reyes y ciudades.

Un insulto de uno de estos hijos hizo que Orula, regresara al cielo, al lugar llamado Oké Igete Orun, que está entre el cielo y la tierra, y no volviese jamás al mundo.

8. El lamento

Orula se fue de viaje, y dejó a sus hijos en su casa. Durante su ausencia llegó una epidemia, y como no estaba para mirar con Ifá, sus hijos fueron a verse con los adivinos, y se miraron con ellos para saber qué hacer para que la epidemia no los afectara.

Los adivinos les dijeron a los hijos de Orula que era necesario: Apo Oro, Apo le ja, Ejemo Olu Wonran, Fi eyi eligbe, Ate gini dekun, y Emi-I Awre, Okan Okan, Itan Ekiri, Eku meyi, Opolopo Owó.

Cuando recogieron todo lo que necesitaban para el ebbó, los hijos desconfiando dijeron a los awós que tenían que matar a las chivas, para que los babalaos no se quedaran con los animales.

Los babalaos dijeron que las chivas no se podían matar ya que Ifá, lo había dispuesto así.

Ellos insistieron y como eran hijos de Orula, los babalaos mataron las chivas, menos la del hijo menor de Orula. Emi Li Oju, le dijo a los awós, que hicieran lo que Ifá les había mandado, y que no mataran su chiva.

El resto de los ebbós, que habían hecho los otros hijos de Orula fueron puestos en la base del trono de Eshu. Las moscas volaron rápidamente y los cubrieron.

Al ver esto, sus mensajeros se precipitaron sobre la casa atraídos por las moscas, y arremetieron contra los hijos que habían matado los animales.

En ese mismo día a la noche Orula tuvo una pesadilla, se levantó y se miró con Ifá, quien le dijo que regresara inmediatamente a su ilé.

Cuando llegó a su casa encontró solo al menor de sus hijos, le preguntó a todos dónde estaban los demás y le mintieron diciéndole que se habían ido por unos días al campo.

Pasaron cuatro días, el hijo menor de Orula fue a ver a los amigos de su padre, y les dijo que fueran a su casa y lo consolaran antes de que empezara a llorar por sus hijos muertos.

Cuando los amigos de Orula le dijeron la verdad y éste empezó a llorar por sus hijos muertos ellos trataron de consolarlo pero él no los oía, y cada vez lloraba con más vehemencia.

Mientras Orula se lamentaba, vino Eshu y le dijo: «Orula, deja de llorar por tus hijos muertos, o tendrás tú y los demás que están aquí, que llorar al último de tus hijos, porque me lo llevaré también».

9. Día del llanto (Ogbe Oworin)

Cada cinco días la muerte acostumbraba a visitar el mundo para matar a muchos jóvenes. En el mundo imperaba el caos y la anarquía. Nadie sabía cuándo le tocaría su turno. Y la gente actuaba a su antojo.

Preocupado por esta tragedia, Orula consultó a sus awós para saber qué hacer. Quiso saber también cómo podría establecer la paz de la vida en la tierra.

Los awós le dijeron que hiciera un sacrificio con dos obbí kolas y una botella de otí a su Ifá, temprano en la mañana del día del llanto o cuando supiera que la muerte estaba cerca. Se le dijo que le ofreciera todo tipo de comidas a Eshu Odara el mismo día. Y se le dijo que no saliera de su casa. Él cumplió lo marcado.

Cuando la muerte vino fue a la casa de Orula, pero encontró a Eshu afuera. Eshu invitó a la muerte a festejar. La muerte le explicó que estaba en una misión en la tierra y Eshu le preguntó:

—¿Cuál es esa misión?

La muerte respondió que se iba a llevar a Orula y a la mayoría de sus seguidores. Eshu Odara le dijo que era muy fácil satisfacer su deseo porque estaban ante la casa de Orula y la mayoría de sus seguidores y todos eran fáciles de identificar. (Ellos se reconocen por su ide en sus muñecas y sus collares.) Eshu invitó a la muerte a comer y la muerte se sentó a disfrutar del banquete.

Después de terminar la comida la muerte se excusó diciendo que tenía que hacer el trabajo para el cual había venido. Eshu le preguntó si sabía de quién era la comida que habían disfrutado, y la muerte respondió que no lo sabía. Entonces Eshu le dijo que la comida era de Orula. Eshu fue más allá diciendo que le habían ofrecido la comida para que no se llevara a más jóvenes. La muerte quedó impresionada y cuando fue a entrar en la casa de Orula, Eshu le dijo que tenía prohibido entrar después de haber comido y bebido la comida de Orula. La muerte respondió que no le habían dicho nada de esto y Eshu le argumentó que era responsabilidad de la muerte preguntar de quién era la comida antes de empezar a comer. «Y como usted no preguntó, no tiene derecho a dañar a Orula y a seguidores.»

Así fue vencida la muerte. Orula luego cambió el día del llanto por el día de Ifá. Por eso desde entonces los seguidores de Ifá atienden ese día. Orula fue muy feliz y dijo a sus awós: «El hambre no se asienta en la cabeza de nadie sino en el estómago para tener espacio para deliberar».

10. Orula y la cabeza

La cabeza estaba sola en la plaza y tenía muchos obbís con ella. Vino Shangó y la cabeza le dijo que podía coger los cocos que quisiera a cambio de que lo ayudase.

Shangó no le hizo caso, cogió su obbí y se fue. Después llegó Orula y le pidió unos obbís. La cabeza le dijo que aceptaba, con la condición de que la ayudase, y Orula accedió. Le dijo que tenía que hacer ebbó con esos mismos obbís, con viandas, animales y 16 pesos, para que mientras hacía este ebbó fuera saliendo su cuerpo. Con los huesos de los animales se formaron los brazos; las piernas y el tórax, y con las viandas, las partes blandas del cuerpo.

Cuando estuvo completa, la cabeza le quedó muy agradecida a Orula, y lo reconoció como a su padre, ya que ella había venido al mundo para gobernar, pero no podía si no estaba completa. Desde entonces, la cabeza dispuso que Orula gobernara en el mundo y que todos vinieran a donde él estaba.

11. El orgullo no salva a un rey

Había un rey tan orgulloso que no hablaba con nadie del pueblo, ni siquiera permitía que la gente se mezclara con sus sirvientes. Tenía una hija que siempre estaba enferma, y eran inútiles los esfuerzos de los curanderos de la corte para aliviarla.

El rey mandó a buscar a Orula, pero éste le mandó a decir que fuera él a verlo en persona. Al principio el rey se negó, pero como la salud de su hija empeoraba decidió ir. Al entrar en casa de Orula, tropezó en la puerta, la corona se le cayó y fue rodando por una cuesta. La gente la cogió y la escondió y el rey, para recuperarla, tuvo que preguntar de puerta en puerta. Cuando encontró la corona, comprendió que el orgullo de nada le había servido.

1. Odduá

Cuando Olofi quiso hacer el mundo, bajó con Obatalá (este Obatalá es el más viejo de todos, es Obatalá Odduá). En el entusiasmo de la creación, Olofi hizo cosas maravillosas (como la Ceiba, las nubes, el arco iris y el pájaro zun-zun), pero también tuvo fracasos y dejó otras cosas a medias. A los hombres, por ejemplo, los dejó sin cabeza.

Andaban sin dirección y el mundo parecía una casa de locos. Olofi molesto le encargó a Odduá que les hiciera cabezas. Odduá las hizo, pero las dejó con un solo ojo. Tuvo que venir Ibaibo para ponerles los ojos donde ahora están y darles boca, voz y palabra.

Entonces, los hombres empezaron a ser como los conocemos y todo pareció bien. Hoy, sin embargo, amenazan con destruir toda la creación de Olofi, y no se sabe si culpar al padre de los orishas o a Odduá, o si ponerse triste, o si echarse a reír.

2. Obara Wereko

Cuando Ifá Wa entró en la tierra Baba Layo lo primero que hizo fue unir a Eyele Meta que había encontrado en tres maniguas diferentes. Odduá, que lo había visto entrar en la tierra de Baba Layo, se escondió y comenzó a observarlo y cuando Ifá Wa cometió su fechoría le tiró bugbo igui. Ifá Wa tropezó y cayó, lo que aprovechó Odduá para agarrarlo y preguntarle cómo se llamaba.

«Ifá Wa» le contestó y Odduá se puso a llorar. En ese momento entró Olofi que había venido a visitar a Ifá Wa y le dijo:

—Tú no sabes nada de los secretos de la vida y yo te los voy a contar. Tú recibirás el ashé de este que está aquí y que se llama Odduá y que es tu verdadero padre.

Ifá Wa se quedó sorprendido con lo que acababa de oír. Entonces Odduá, le contó que él lo había entregado a Elegguá para que éste lo hiciera grande y le enseñara qué era la vida, empezando por pasar trabajos hasta llegar a ser un gran hombre.

3. Cabeza y esfínter

Odduá hizo las cabezas y repartió coco entre los santos. Olorun solo hizo el cuerpo.

El cuerpo caminaba, pero sin saber adónde, ni por dónde iba. Olorun se lo entregó a Odduá y le dijo:

—Okoni no se mueve, no tiene dirección. Acaba tú mi obra.

Entonces Odduá le hizo la cabeza. Pero todavía el hombre no hablaba. Vino Ibaibo; le abrió la boca y le dio la palabra. Odduá le había hecho un solo ojo en la cabeza. Y poco después Ibaibo le hizo otro ojo, además de darle voz.

Pasó un día y otro; y la cabeza no sintió nada. Al cuarto, la cabeza estaba bien; si acaso algo pesada, pero el estómago y funo, el intestino, bastante incómodos. Al sexto día, ilú, el vientre, estaba gordísimo, wó wó. El hígado, edósu, duro como palo, y orí empezó a sentirse mal. Elúgó, la fiebre, hizo su aparición.

El purgante, lerroá, no era entonces conocido y todo empeoró a partir del décimo día, porque ya todo funcionaba mal y la cabeza, los brazos y las piernas no podían moverse. Lo que entraba, el purgante de guaguasí, no salía... La cabeza no se pudo levantar para llevar el cuerpo. Ella, y todos los órganos, tuvieron que rogarle al esfínter que se abriera.

Él demostró lo importante que es, aunque nadie lo considera ahí donde está, en la oscuridad, despreciado por todos.

1. Obatalá

En el principio de las cosas, cuando Oloddumare bajó al mundo, se hizo acompañar de su hijo Obatalá.

Bajo el cielo solo había agua. Oloddumare le entregó a Obatalá un puñado de tierra metido en un caracol y una gallina. Obatalá echó la tierra formando un montículo en medio del mar y la gallina se puso a escarbar la tierra esparciéndola y formando el mundo que conocemos. Olofi también encargó a Obatalá que formara el cuerpo del hombre. Así lo hizo y terminó su faena afincándole la cabeza sobre los hombros. Por ello Obatalá es el dueño de las cabezas.

2. Obatalá salva a la tierra

En cierta ocasión los hombres prepararon grandes fiestas en honor de los orishas, pero por descuido se olvidaron de Yemayá. Furiosa, conjuró al mar que empezó a tragarse la tierra. Daba miedo verla cabalgar, lívida, sobre la más alta de las olas, con su abanico de plata en la mano. Los hombres, espantados, no sabían qué hacer y le imploraron a Obatalá. Cuando la inmensa y atronadora Yemayá se precipitaba sobre los últimos vestigios del mundo, Obatalá se interpuso, levantó su apaoyé y le ordenó a Yemayá que se detuviera. Por respeto, la dueña del mar detuvo las aguas y se aplacó. Y es que ¿si Obatalá hizo a los hombres, cómo va a permitir que acaben con ellos?

3. Ofrenda a Obatalá

Obatalá ordenó a tres esclavos suyos (Aruma, Addima Addima y Achama), que fuesen a cortar guano para hacerse una casa. Addima Addima tuvo la precaución de hacer ebbó antes de internarse en el monte, pero Orula, le pidió para el ebbó el machete que llevaba —que era de Obatalá— y cuando Addima se reunió con Aruma y Achama, y éstos lo vieron sin machete, se rieron de él, le dijeron que cortase el guano con los dientes y lo dejaron solo.

Addima, no quería cortar las pencas con los dientes, pero como podía arrancarlas con las manos, se internó en el monte buscando las palmeras más bajas. Una Ceiba llamó enseguida su atención. Un bulto extraño colgaba atado al tronco y Addima logró desprenderlo con un palo. Dentro encontró plumas de loro. El hallazgo era de gran importancia. Obatalá en secreto buscaba con afán plumas de loro. Éstos escaseaban desde hacía tiempo, y nada eran tan apreciado por el gran orisha, modelador y rey del género humano, como aquellas plumas que tanto necesitaba.

Addima tejió un cesto de mariguano y guardó en él con cuidado las plumas. Apenas había terminado de preparar el cesto cuando vio cerca de la Ceiba un elefante muerto. Le arrancó los dos colmillos blancos, magníficos, y los llevó consigo.

Achama y Aruma llegaron mucho antes que Addima al ilé de Obatalá. Y éste preguntó por Addima.

—No sabemos nada. No siguió con nosotros. Nos dijo que le había entregado su machete a Orula.

—¿Mi machete? ¿El machete que le di para que me sirviese? —tronó Obatalá.

Y llamó a Oggún y le dijo:

—En cuanto llegue Addima, que ha perdido mi machete, córtale la cabeza y bébete su sangre.

Oggún afiló su machete y se sentó a esperar a Addima. Cuando éste apareció, lo primero que vio Obatalá fueron las plumas de loro y los espléndidos colmillos que traía el muchacho muy ufano, y le hizo un gesto a Oggún que iba a ponerse de pie para cumplir sus órdenes.

Addima Addima colocó ante Obatalá las plumas y los marfiles. Éste le entregó un chivo a Oggún.

—Toma este chivo, córtale la cabeza. Bébete la sangre, y márchate.

Y en su alegría, Obatalá bendijo a Addima que «había visto lo que él necesitaba»; y lo cubrió de riquezas.

4. El sufrimiento

Obatalá gobernaba en la tierra y la muerte, Ikú; Ano, la enfermedad; Eyó, la tragedia; la discordia, Iña; Ofó, la vergüenza y Eyé, la sangre, tuvieron mucha hambre porque nadie moría, ni se enfermaba, ni peleaba, ni se abochornaba, resultando que el bien de unos era el mal de los otros.

Entonces Ikú, Ano, Ofó, Iña y Eyé decidieron atacar a los súbditos de Obatalá. Obatalá aconsejó a los suyos que no se asomasen a las puertas y a las ventanas, ni salieran a las calle. Y para calmar a Ikú, Ano, Ofó y Eyé les pidió que tuvieran calma, pero el hambre era atroz y ellos decidieron salir a las doce del día, con palos y latas, haciendo un gran estruendo por todo el pueblo.

Las gentes curiosas sin pensar se asomaron a las ventanas. Ikú aprovechó y cortó muchas cabezas. Luego a las doce de la noche volvió a oírse un ruido ensordecedor, los imprudentes salieron a las calles y se asomaron a las puertas y ventanas. Nuevamente Ikú cortó muchas cabezas. Desde entonces a las doce del día y a las doce de la noche: Ikú, Ofó, Iña y Eyé rondan las calles en busca de víctimas; sin embargo, las personas juiciosas a esas horas se recogen en sus casas implorando a Obatalá que las proteja.

5. Obara (Ogondá)

Obatalá el padre de todos los santos tuvo hijos con su esposa Yemayá (Yembú una Yemayá de cabellos plateados).

Así nacieron Elegguá (el que abre los caminos), Oggún, Ochosi y Osun.

En una ocasión, Oggún le faltó el respeto a su madre, Obatalá, levantó su espada para maldecirlo y él mismo Oggún dijo:

—Padre yo mismo juro que mientras el mundo sea mundo, trabajaré con el hierro y lo haré desde lugares agrestes, espinosos y apartados.

Obatalá lo dejó ir y cuando se marchó, mandó a matar a su propia descendencia. Elegguá el mensajero se llevó a Shangó y se lo entregó a Dadá (la hermana mayor de Shangó) para que lo criara. A Orula lo enterró al pie de la Ceiba y todos los días le llevaba comida.

Un día Obatalá se enfermó, no tenía cura, y comenzó a perder la vista.

A lo que Elegguá le dijo:

—Padre yo puedo buscar quien le cure —y entonces trajo a Shangó.

Éste era tan grande y hermoso que su padre Obatalá no lo reconoció y le preguntó:

—¿Cómo te puedo pagar?

Y Elegguá intervino y dijo:

—Perdónalo porque ése es el hijo que mandaste a matar y su hermana Dadá lo crió.

Obatalá lo perdonó y le contó la historia de la traición de Oggún quien había faltado el respeto a Yembú y se comía la comida de sus hermanos.

Shangó juró vengarse y comenzó una gran guerra contra Oggún que no tenía fin.

6. Historia de Obatalá

En una tierra donde vivían todos los santos y Obatalá era el gobernador, los demás santos se revelaron contra él porque allí todos determinaban el ángel de la guardia con caracoles, cada uno con el suyo. Un día, Shangó comenzó a notar que había más hijos de Baba (Obatalá) que de otros santos y decidió reunir a los demás, les contó su desconfianza y les pidió su opinión. Éstos le dieron la razón y todos se pusieron de acuerdo para ir a casa de Obatalá y reclamarle, porque en su casa nunca salía un hijo de otro santo que no fuera él. Obatalá que miraba a los aleyos con su caracol era el obbá de aquellas tierras. Todos los santos acordaron ir a casa de Obatalá, pero temían que él los castigara y por eso ninguno quería hablar en persona; entonces Shangó dijo:

—Yo le hablaré a Obatalá —acto seguido Shangó, Oshún y Oggún se unieron.

Cuando llegaron a casa de Obatalá, éste sintió el alboroto, salió y les preguntó a qué venían. Shangó se adelantó y le dijo:

—Mire Baba, nosotros estamos aquí porque queremos saber ¿por qué cuando usted registra a un aleyo y determina el ángel de la guardia no salimos como dueños de esas cabezas ninguno de nosotros?

Entonces Obatalá le dijo a Shangó:

—Lo que pasa en mi casa yo lo determino así.

Siendo así Shangó dijo:

—Bueno Baba, eso no es justo, mejor vamos para casa de Orula para que nos diga cómo resolvemos este problema.

Obatalá respondió:

—Está bien que así sea. Ustedes tienen razón, porque Orula no hace santo, o sea, no va a ninguna cabeza de ser humano por mandato de (Odu

Olofi) y ustedes desconfían de mí, pero yo también desconfío de ustedes, por eso, mientras exista el mundo, Orula determinará el ángel de la guardia de cada uno de los seres humanos, ya que él es imparcial.

To Iban Eshu.

7. La paz de Obatalá

Jebioso (como se llama a Shangó en el país de los arará, en África), acababa de finalizar una gran batalla. Llegó entonces a la tierra de los ewes, donde reinaba un gran señor llamado Asojuano, el Babalú Ayé de los yorubas. El rey dio a Shangó una gran acogida y hospitalidad en su palacio y entre su pueblo, donde reinaba una gran paz. Jebioso, ávido de poder, al ver la gran armonía de esa nación, comenzó a tramar la forma de instalarse en el trono.

En una ocasión el rey Asojuano visitó a su hermana en un pueblo vecino, por lo que Jebioso, junto con otros huéspedes del rey, tomó las armas y se apropió del reino. Cuando volvió e rey comenzó una guerra sin cuartel, tan fiera que Somaddonu, Obatalá en persona, decidió intervenir.

Jebioso se disculpó diciendo que el rey había querido expulsarlo, pero éste contestó que eso era falso. Somaddonu decretó lo siguiente: «Los dos tendrán los mismos derechos y las mismas atribuciones, pero deberán compartir el poder sin pelear».

Jebioso y Asojuano parecieron aceptar la decisión, pero quedaron inconformes, y desde entonces libraron con sus polvos mágicos una guerra silenciosa de hechicería. Para ello Asojuano buscó una hierba llamada escoba amarga. Mientras, Jebioso utilizaba atipola. Las hechicerías provocaron una epidemia terrible que trajo muchas muertes. Ante esta desgracia, Dañe (Oyá), llamó al gran señor Somaddonu, el máximo juez, y para recibirlo adornó su trono, el flamboyán, coronando su copa con flores de intensos tonos naranja y rojo fuego. Así bajó a la tierra el justiciero Obatalá, y al ver los daños causados por la brujería de la escoba amarga y la atipola dijo: «A partir de ahora estas hierbas vivirán en tierras separadas: donde nazca una nunca prosperará la otra».

Asojuano fue condenado a vivir errante mientras que Jebioso jamás volvió a vivir en paz. El flamboyán, al cubrirse de flores anunciaría epidemias y muertes.

8. Obatalá y su hijo

Obatalá, después de aparearse con Aggayú Solá, tomó el camino de Osan Quiriñán y ascendió por las cumbres que conducen a su ilé blanco y se entregó a sus menesteres, sin darle importancia a este episodio.

Al poco tiempo sintió las molestias que anteceden a la maternidad; tampoco se preocupó y continuó entregada a sus ocupaciones.

Hasta que un día sintió unos dolores muy fuertes, como si algo quisiera desprenderse de sus entrañas.

Obatalá dijo:

—Pujaré hasta que salga afuera.

Al rato tuvo al niño. Lo tomó en brazos y acariciándolo dijo:

—Te llamarás Shangó.

—Me gusta ese nombre —contestó el moquenquen.

Obatalá volvió a entregarse a sus asuntos y no tomó en consideración al moquenquen, que se aburría corriendo de un lado a otro de la casa, o bien permanecía largo tiempo tendido en el suelo con los ojos fijos en la cúpula del cielo. Y cuando veía venir a la madre, se abrazaba a sus piernas y preguntaba con lágrimas en los ojos:

—Obatalá, ¿quién es mi padre?

—No sé, moquenquen, ¡no me molestes!

Shangó chillaba.

—Guay, guay, guay...

Y se separaba de la madre muy apesadumbrado y compungido. Y todos los días era lo mismo:

—Obatalá, ¡quiero ver a mi padre!

—Moquenquen, no tengo tiempo para contestarte.

—¡Quiero ver a mi padre!

Hasta que un día Obatalá, obstinada, le respondió:

—Es Aggayú Solá; ¡vete y quédate con él!

Shangó marchó ligero por las montañas como una gacela y se internó en el monte gritando:

—¡Aggayú Solá! ¡Aggayú Solá!...

Y aquella tarde Aggayú escuchó la voz de Shangó reclamando su nombre, y se detuvo en el recodo de un camino a esperarlo.

—¿Qué buscas, moquenquen?

—Busco a mi padre.

—¿Y tú, quién eres?

—Soy el moquenquen de Baba.

Al escucharlo, Aggayú tembló de ira y volvió a interrogarlo:

—¿Quién es tu padre?

—Tú eres mi padre.

Entonces Aggayú le dijo:

—Moquenquen, tengo mucha hambre para que vengas con esas sandeces. Te asaré y me servirás de comida.

Shangó no se inmutó y le dijo sonriente:

—No me matarás; eres mi padre.

—¿Que no?... Pues verás...

Aggayú tomó unas ramas, las juntó y prendió fuego; comenzó a avivar la llama ante el niño que sonreía. Cuando la hoguera estuvo en su punto, tomó al moquenquen por los brazos lo arrojó y dijo regocijándose:

—Hoy me alimentaré con tu carne tierna.

El fuego crepitaba y alumbraba con tenues destellos el atardecer, y las llamas en múltiples lengüetas relamían inofensivas el cuerpo del moquenquen, que permanecía erguido en medio de la hoguera.

—Ah, moquenquen, ¡ahora verás cómo te achicharras! —dijo Aggayú y tomando un gajo le pegó con él.

Pasó una amordé por allí y al ver el suplicio del niño corrió hasta llegar al pueblo inmediato y denunció a toda garganta el crimen de Aggayú Solá.

La gente se reunió y comenzó a dar su opinión.

Unos decían:

—Debemos ir allá y castigar a Aggayú.

Otros:

—Lo más prudente es avisar a Olofi.

Dos mujeres, Oyá y Oshún, se encargaron de llevar el mensaje a Olofi. Enterado Olofi, dijo a Oyá, entregándole una centella:

—Ve y alumbra la selva. Lo demás está hecho.

—Tráeme el moquenquen —dijo, dirigiéndose a la segunda mujer.

Cuando Aggayú Solá vio venir la centella, corrió despavorido, dando saltos como un simio; se detuvo ante una palma y la escaló en un santiamén. Allí quedó temblando de miedo.

Oshún rescató al moquenquen de las llamas y ambas mujeres volvieron adonde estaba Olofi.

Éste dijo dirigiéndose a Shangó.

—¡Te nombro dueño del fuego!

A Oyá le dijo:

—¡Tú eres dueña de la centella!

—Otro día te tocará a ti; hoy he repartido muchos ashé —dijo refiriéndose a Oshún.

Oké

Al principio Olokun reinaba solo en el mundo, pero Olofi se aburría (para muchos la vida y los problemas de los hombres no son más que un juego con el que la divinidad se entretiene). Entonces Oroiña, con la fuerza que le dio Olorun, hizo surgir la primera montaña desde el fondo del mar. Así nació Oké. Luego Oloddumare reunió a los demás orishas en Oké y le señaló a cada uno su dominio.

Pero sin Oké ninguno hubiera podido hacer nada y por eso siempre hay que recordarlo y hacerle ebbó. ¿Qué pasaría si Oké volviera a hundirse y dejara a Olokun solo?

Oraniyán

En cierta ocasión Oggún arrasó una aldea y raptó a una doncella que convirtió en su mujer. Cuando Odduá, el padre de Oggún, vio a la joven, se enamoró de ella y también la poseyó. Nueve meses más tarde nació Oraniyán, fruto de aquellos amores confusos mitad blanco y mitad negro, porque mientras Oggún era muy oscuro de piel, Odduá era muy blanco.

Al principio solo existía el cielo. Oloddumare creó entonces siete príncipes coronados, que se repartieron todas las riquezas. A Oraniyán, el más joven, solo le dejaron una bolsa con una sustancia oscura, veintiuna barras de hierro y una gallina. Oraniyán esparció la sustancia oscura sobre las aguas y vio cómo surgía una montaña.

Entonces la gallina se posó allí y comenzó a escarbar, agrandándola. Así surgió la Tierra. Cuando los príncipes vieron el mundo, quisieron apoderarse de él, pero Oraniyán transformó las veintiuna barras de hierro en lanzas y flechas y los espantó, amenazándolos de muerte. Entonces lo reconocieron como al señor y dueño de la Tierra

1. Yemayá

Al principio, solo había fuego y rocas ardientes. Entonces Olofi, el Todopoderoso, quiso que el mundo existiera y convirtió el vapor de las llamas en nubes. Las nubes provocaron un diluvio que apagó el fuego. En los huecos enormes, entre las rocas, se formó Olokun, el océano —que es terrible y todos temen—. Pero el mar también es bueno porque es la fuente de la vida, y el agua hizo venas en la tierra para que la vida se propagara. Ésa es Yemayá, la Madre de las Aguas. Por eso también se dice que antes que nada existiera, Yemayá estaba tendida cuan larga era y de repente dijo:

—Me duele el vientre —y de ella salieron los ríos, los orishas y todo lo que vive sobre la tierra.

2. Yemayá y Shangó

Yemayá fue madre de crianza de Shangó, pero como éste era vividor y parrandero, no había mujer a la que no le hiciera el amor. Cierto día Shangó invitó a Yemayá a hacer el endoko y ella aceptó, lo invitó a montar en su barca y se adentraron en el mar donde está su morada. Yemayá aprovechó que Shangó no sabía nadar, cuando estaban en alta mar ella le preguntó si todavía quería hacer el endoko con ella, él le contestó que sí, y entonces ella se tiró al mar y dejó a Shangó solo en la barca.

En ese momento se revolvió en el fondo, las olas embravecidas volcaron la barca y tiraron a Shangó al mar, éste desesperado llamaba a Yemayá quien lo llevó a la orilla tras hacerle ver el respeto que él le debía.

3. Yemayá salva a su hermana Oshún

Yemayá sentía un inmenso amor por su hermana Oshún, una reina muy rica que presumía de su espléndida figura, de sus joyas, de sus suntuosos vestidos y su sedosa y larga cabellera. Pasaba largas horas ante el espejo o miraba el reflejo de su rostro en las claras aguas del río que lleva su nombre, mientras se peinaba y una y otra vez sus largos cabellos que eran su orgullo.

Sin embargo, el reino de Oshún fue víctima de sangrientas guerras de conquista; y ella tuvo que huir y abandonarlo todo. Desde entonces vivió en la pobreza. De sus magníficos vestidos solo le quedó uno que de tanto lavarlo en las aguas amarillas del río, tomó ese color: tuvo que vender sus joyas para poder comer; y, ante tanto sufrimiento perdió el pelo. Oshún, la bella entre las bellas, se vio de golpe sola, pobre, esclava y en la miseria.

Pero Oshún no estaba sola. Todos los ríos desembocan en el mar y en su fondo vive su hermana mayor, Yemayá, la persona que más la amaba, quien supo de sus sufrimientos y fue en su ayuda.

—No llores más, Oshún. Tus lágrimas se me clavan en el corazón. Reina fuiste y reina volverás a ser por la gracia de Olofi. De hoy en adelante, te pertenecerá todo el oro que se encuentra en las entrañas de la tierra; todos los corales que hay en el fondo del mar serán tuyos para que te adornes con ellos; no volverás a trabajar como las esclavas sino que te sentarás en un trono dorado y te echarás fresco, como corresponde a las reinas, con un abanico de pavo real, animal que es mío, y que será tuyo desde el día de hoy. Y para que no te atormentes más, mira: ¿ves mi cabellera? ¿Recuerdas que ella es mi orgullo, lo mismo que la tuya lo era para ti? Aquí la tienes. Hazte una peluca con ella para que nadie te vea así y puedas esperar tranquila hasta que te crezca el pelo.

Así le dijo Yemayá a Oshún, mientras que, con lágrimas en los ojos, se cortó su cabello. Desde ese día Oshún defiende siempre a las hijas de Yemayá y Yemayá a las de Oshún. Esa es la causa por la cual las hijas de Yemayá y las de Oshún no deben cortarse mucho el pelo.

4. Yemayá y el poder de los caracoles

Yemayá estaba casada con Orula, gran adivinador de la tierra de Ifé, que hacía milagros y tenía una gran clientela. En ese entonces, Orula dominaba el secreto de los caracoles, pues Yemayá, dueña del mar, los peces y los caracoles lo había iniciado, y él, a su vez, los interpretaba a través de los oddun o leyendas de cada uno. Pero un día Orula tuvo que hacer un viaje largo y tedioso para asistir a una reunión de awós que había convocado Olofi, y como demoró más de lo que Yemayá imaginaba, ésta se quedó sin dinero, por lo que decidió aplicar su sabiduría. A cada persona que venía a buscar a Orula para consultarse, ella le decía que no se preocupara, y como era adivinadora de nacimiento, sus vaticinios tuvieron gran éxito y sus ebbós salvaron a mucha gente. Cuando Orula regresó, oyó decir que había una mujer en su pueblo que adivinaba y era milagrosa. Él se disfrazó y preguntando llegó a su propia casa. Yemayá, al ser descubierta, le dijo:

—¿Tú creíste que me iba a morir de hambre?

Orula, furioso, la llevó ante Olofi y éste, sabio entre los sabios, decidió que Orula registrara con el ékuele, los ikines y el até de Ifá y que Yemayá dominara los caracoles solo hasta el número doce. Pero le advirtió a Orula que cuando saliera Yemayá en su oddun, todos los babalaos tendrían que rendirle veneración, tocar con la frente el tablero y decir: «Ebbó fi ebboada».

1. Aggayú Solá

Aggayú Solá, el anciano y robusto labrador, había logrado dominar el río; construyendo con un enorme árbol una barca que le permitía cruzarlo y ejercer el oficio de barquero.

Una vez llegó a la orilla del río una mujer vestida con amplio sayal, hermosa de rostro y de finos modales, y montó la barca indicándole con un gesto que la llevase al otro lado. Aggayú, al ver su presencia distinguida, creyó prudente no comentarle cuál era el precio que solía cobrar por hacer su trabajo, y la acomodó en su barca sin decir nada.

Cuando llegaron a la orilla, la mujer saltó y se ordenó ceremoniosa los pliegues del vestido, sin mirar apenas al barquero. Estuvo así el tiempo suficiente para que Aggayú Solá reclamase su pago:

—Omordé, págame el tributo.

En respuesta la mujer se quitó su vestido y se tendió en la hierba.

Aggayú fornicó con la mujer y ella le dijo:

—Has tenido el alto honor de acostarte con Obatalá.

Y desapareció dejando al barquero pasmado.

2. Aggayú perdona a Oggán

Aggayú era obbá de la tierra Addo Shaga y Shangó era su subalterno. Muchos pueblos estaban sometidos a Aggayú y en cada estación del año le rendían tributo enviándole un barco lleno de alimentos.

Shangó, que deseaba la posición de Aggayú, hechizó a Elegguá y mandó a un grupo de hombres para que interceptaran uno de aquellos barcos y robaran los tributos. Puso al frente de la banda a Oggán, guardián de Odduá, cedido por éste a Aggayú quien lo había sido nombrado su amo de llaves.

Pronto hubo hambre en el pueblo de Addo Shaga y Aggayú llamó a Shangó para que le dijera qué ocurría con los barcos de provisiones que no llegaban. Shangó se hizo el tonto y no le respondió. Aggayú decidió cobrar el tributo por la fuerza, pero antes de partir con sus guerreros fue a registrarse a casa de Orula, quien le contó lo que estaba ocurriendo y le mandó a traer a Elegguá para quitarle el encantamiento, haciéndole un ebbó con una etú.

Shangó, desconocía lo sucedido, y mandó a atacar otro barco de provisiones, pero Elegguá y sus guerreros apresaron a Oggán y sus hombres, los molieron a palos y los llevaron ante Aggayú, que en esos momentos recibía la visita de Obatalá. Éste, al ver a Oggán, su hermano, en tan malas condiciones, le pidió a Aggayú que lo perdonara, y así fue. Desde entonces, Oggán, temeroso y avergonzado, vive junto a Obatalá.

3. Yemayá y Aggayú

Aggayú invitó a Yemayá a ir a su ilé en las entrañas de la Tierra. Allí fueron amantes, dominaron las estaciones y llegaron a un equilibrio entre los rayos del Sol y el calor, y las aguas frescas de Yemayá. Aggayú le dijo a Yemayá que si sufría arrebatos en los que quisiera tragarse la Tierra o enfriar sus aguas, él las calentaría y así formarían una balanza entre los dos. Así nació el equilibrio, tan necesario para que haya vida. Aggayú de día es el Sol y Yemayá es Nana Burukú, la Luna.

1. Shangó

Aggayú el dueño del río, tuvo amores con Yemayá y de ellos nació Shangó. Pero Yemayá no lo quiso y Obatalá lo crió. Al reconocerlo como hijo, le puso un collar blanco y un punzón rojo. Dijo que sería el rey del mundo y le construyó un castillo. Shangó bajó al Congo y se hizo un joven tan revoltoso que Madre de Agua Kalunga lo tuvo que expulsar de allí. Entonces tomó su tablero y su pilón, con los que había bajado del cielo, y tomó el camino del destierro. Andando y andando, se encontró con Orula, a quien le dio el tablero porque sabía que era hombre de respeto y lo cuidaría.

Desde entonces Shangó adivina con los caracoles y los cocos, canta, festeja y busca pendencias. Cuentan que como Shangó peleaba y no tenía armas, Osaín, que es su padrino, le preparó el secreto del güiro. Cuando se oye tronar, se dice que Shangó anda de parranda con sus mujeres o que cabalga por el cielo.

2. Shangó salva al babalao

Un babalao levantó en público la bandera de Shangó a la misma altura que la bandera del reino y el rey, indignado, preguntó:

—¿Quién se ha atrevido a poner la bandera de Shangó tan alta como la mía?

—Yo, pues Dios me manda a adivinar —dijo el babalao.

—Pues adivina —replicó el rey.

El babalao dijo entonces con voz serena:

—El reino marcha bien. Pero va mal en los asuntos espirituales. Una sombra se cierne sobre esta tierra y oprime su alma. Si no se abre a la espiritualidad, habrá un gran castigo.

El rey montó en cólera. Hizo detener al babalao y ordenó su ejecución para el día siguiente. El rey tenía una hija que pasó por la cárcel y vio al babalao encarcelado, cubierto con una hermosa capa roja.

—¡Qué hermosa capa! —dijo la princesa.

—Es tuya, tómala —dijo el babalao desprendiéndose de la capa—, total, a mí me matarán mañana.

La joven princesa salió al patio de la prisión. Los guardias vieron en medio de la noche una figura envuelta con la capa roja, pensaron que el babalao intentaba huir y dispararon sus dardos contra ella.

La joven murió y el rey quedó consternado. Sin embargo, reconoció su error: ordenó liberar al babalao y también que la bandera de Shangó ondeara a la misma altura que la del reino.

3. Shangó se viste con la ropa de Oyá

Estando Shangó en casa de su amante Oyá (dueña de los espíritus) quien lo hacía trabajar para que no saliera de allí, se levantó a toda carrera y sin darse cuenta se puso la ropa de Oyá y salió en su caballo al encuentro de Oggún. Éste creyó que era una mujer y lo dejó pasar.

Shangó se arrodilló ante Olofi poniendo la espada en el suelo como símbolo de victoria y Olofi habló con voz de mando y dijo:

—Se ha pactado que no pelearán más.

Sin embargo, Oggún huyó a lo más profundo del bosque, cerca del Congo y en venganza comenzó a hacer conjuros.

4. Shangó y Oyá

Shangó y Oyá vivían juntos y él la abandonó. Ella en venganza, quemó su casa y sus hijos y se dio muerte en la hoguera, lo que hizo que Shangó quedase sumido en la vergüenza y con un gran sentimiento de culpa que lo llevó a la locura.

5. Cómo Shangó burló a Oggún

Shangó fue el cuarto rey de Oyó. Era muy famoso por su atractivo viril: tenía el pelo largo, era fuerte, alto y ágil. Montaba un caballo blanco y usaba pantalones rojos abombados y chaquetilla corta, como los malés (mandingas). Se cubría con una capa roja y llevaba una espada. Oggún, quien era rey en un lugar vecino, lo envidiaba por su belleza y su fuerza, y estaba decidido a matarlo para quitarle su reino.

Un día Shangó salió de viaje y Oggún lo esperó en lo alto de una colina. Shangó poseía la doble visión; lo vio de lejos y para burlarse de él se vistió de mujer y pasó por delante suyo en su caballo blanco, cubierto con una capa roja y sus largos cabellos al viento.

Oggún pensó:

—¡Si no fuera porque estoy esperando a Shangó para matarlo, conquistaría a esa buena hembra!

Pasaron las horas, llegó la noche y Oggún continuaba emboscado, en espera de Shangó. Cansado ya de esperar, decidió ir a Oyó y apoderarse del trono. Cuando llegó, encontró a Shangó sentado en su trono riéndose de él.

6. Shangó y el arte de la danza

Shangó tenía el tablero de Ifá, pero se lo cambió a Orula por el arte de la danza. Olofi había bendecido a Orula con este arte y Shangó, quería presumir ante las mujeres y no le gustaba reconocer que Orula era mejor bailarín que él.

7. Shangó y los santos

Había una persona que creía en los brujos, pero no en los santos. Cada vez que venía un santo a la Tierra se burlaba de él. Un día vio a Shangó montado. Shangó le dijo que no fuese a cierto lugar adonde pensaba ir y el hombre, desconfiado y creyendo que se trataba de un engaño, le pidió a Shangó que adivinara cuántas personas habían en el interior de una casa cercana.

Shangó le dijo que eran dieciocho, y que dos eran ciegas.

El hombre siguió sin creer a Shangó, éste tiró dieciocho monedas ante la puerta de la casa y solo dieciséis personas salieron a recogerlas. Entonces el hombre, al ver lo sucedido, se arrodilló ante Shangó.

8. Shangó y el dragón

Una vez Shangó fue de Mina a Tákua a cazar un animal feroz que mataba a muchos hombres.

—¿Para qué has venido? ¿Para morir? —le preguntaron.

—Para acabar con ese monstruo —respondió Shangó.

Aquel Dragón devoraba a las mujeres; rugía y toda la tierra temblaba.

Shangó no quiso soldados para vencerlo. Solo y cuerpo a cuerpo luchó y lo mató:

> Kaui Kaui Maforilé
> Ké eñi Aladdó, titilia eyé

Shangó cantaba y arrojaba llamaradas por su boca.

9. Shangó en la cárcel

En Tákua y en Tulempe le hacían fiestas a Shangó, las mujeres lo querían con locura, pero los hombres lo odiaban. En una fiesta lo apresaron y lo encerraron en un calabozo con siete vueltas de llave. Shangó había dejado su pilón en la casa de Oyá.

Pasaron los días y como Shangó no venía, Oyá movió el pilón: miró y vio que estaba preso.

En la cárcel, Shangó sintió que andaban con su pilón, y se dijo:

—¡Solo Oyá sabe templarlo!

Oyá encendió su brasero y empezó a ochiché (a encantar). ¡Oyá samaterére, Oyá samatere!... Pero el canto no la acompañaba y la candela la quemaba. Cuando vio que se quemaba, cambió el canto:

> Centella que bá bañé
> Yo sumarela sube,
> Centella que bá bañé
> Yo sube arriba palo...

Apenas dijo estas palabras, cruzó, y el número siete se formó en el cielo. La centella rompió la reja de la prisión y Shangó quedó liberado. Vio a Oyá que apareció en el cielo en un torbellino y se lo llevó de la tierra Tákua. Hasta aquel día Shangó no supo que Oyá tenía centella. Así empezó a respetarla.

10. Shangó y su padre

Shangó no conocía a su padre, Aggayú, tan temido y respetado que dejaba la puerta de su casa abierta de par en par. Nadie se hubiera atrevido a entrar.

Aggayú siempre tenía su casa abarrotada de frutas, pues el río, las tierras y las grandes sabanas son suyas:

Shangó se metió en la casa de Aggayú, comió de todo, se hartó y luego se acostó a dormir muy tranquilo en su misma estera.

Cuando Aggayú volvió del campo lo encontró...

—¡Ay, caramba! —lo agarró—, ¡Iki busi sian! Juntó leña, le prendió fuego y echó en él a Shangó.

Pero Shangó no ardía. ¿No es candela? ¡Cómo iba a arder! Entonces se lo llevó en hombros a la orilla del mar, para ahogarlo. En el mar se apareció Yemayá —Yemayá Konlá— madre de Shangó.

—¿Qué vas a hacer Aggayú? ¡No puedes matar a nuestro hijo!

Aggayú dijo entonces:

—En el mundo yo soy el hombre más bravo, y tú, Shangó, eres tan bravo como yo. Admito que eres mi hijo.

1. Osaín

Osaín tiene un solo pie, el derecho, un brazo, el izquierdo, y un ojo; una oreja desproporcionadamente grande, por la que no oye nada. La otra, muy pequeña, es tan sensible que percibe los ruidos más leves y distantes. Oye los pasos de una hormiga o el vuelo lejano de una mariposa. Osaín camina a saltos o rengueando, como Awo Jonú Aggrónica e Sódyi, el santo de losararás.

Osaín Okini Gwáwó Eléyo era malo; tenía mucho coraje, demasiado temple. Se enfrentó con su hermano Osaín Alábbio por una mujer. Entonces se internó catorce días en el monte para trabajar una brujería y vencerlo con su arte. Allí, entregado a su odio y preparando su mororá (bilongo), se encontró con el Elegguá de su hermano una serpiente que silba y que tiene una secreción en la cola. Luchó contra él y perdió el ojo que le falta.

Aún más enfurecido por este revés, siguió invocando contra su rival terribles fuerzas maléficas, y suspendió la magia en que estaba enfrascado porque tenía que bajar al fondo de un pozo a buscar un secreto que estaba allí escondido para mezclarlo con su brujería.

Se subió sobre un viejo brocal, éste se derrumbó y perdió un brazo y una pierna. Cuando estaba en el fondo, mutilado y sangrante entre las piedras, con la mano que le quedaba cogió un ratón. Éste chilló y lo oyó una lechuza que gritó a su vez: ¡Aleyo! ¡Aleyo kini ba wo! Osaín le dio el ratón para que lo comiese y le pidió a cambio tres plumas de su ala izquierda. Esperó que amaneciese; llamó al aura tiñosa y le pidió otras tres plumas de su ala derecha.

—¿Para qué? —preguntó el aura.

—Para preparar una piedra que camine por el monte con un muerto adentro.

Y el aura tiñosa le dio tres plumas de su ala derecha. Gracias a estas plumas Osaín voló y venció a su hermano.

2. Osaín y Oggún

Osaín, orisha de la naturaleza, es un gran cazador que tiene un solo pie, y un solo brazo, es ligero como el viento, y maneja los arcos y las flechas con la maestría de un experto. Oyá, sabía que Osaín llevaba un güiro mágico que hablaba y predecía el futuro, y en compañía de Shangó urdió un plan para arrebatárselo. Lo embriagó ofreciéndole el aguardiente tan apreciado por Osaín quien bebió y cayó en un manto de yerbas a la sombra de Iroko, la Ceiba sagrada.

Osaín se despertó en ese instante y al ver a Oyá se abalanzó sobre ella. Mientras, ésta pedía a Shangó que la defendiese. Al oír la voz de su mujer, Shangó le lanzó un rayo a Osaín y le arrancó un brazo; éste trató de correr a una choza en que guardaba sus utensilios de labranza, pero Shangó le tiró otro rayo que le alcanzó la pierna. En ese momento Oggún, que pasaba por allí, vio lo sucedido y rápidamente construyó el pararrayo, no solo para librarse de las piedras de rayo que Shangó lanzaba a diestro, y siniestro, sino para proteger al pobre Osaín, que en un momento de descuido y por la ira de Shangó, perdió también un ojo. Así, escondiéndose en su mundo de la naturaleza, logró proteger su güiro mágico. Él y Oggún, que lo acompaña en sus momentos difíciles, son amigos inseparables. Los dos, en armonía, cuidan las propiedades maravillosas de las yerbas, los árboles y de todo lo verde que vive de la sabia tierra.

To Iban Eshu.

1. Ibaibo

Ibaibo solo tiene un ojo en la frente. Un ojo como el de la Divina Providencia y no se le escapa nada. Por eso los santeros nunca destapan de pronto la sopera blanca donde tienen a Ibaibo sin desviar al mismo tiempo la mirada. Los cegaría el rayo luminoso del Ojo de la Divina Providencia... Al inicio del mundo, los hombres tenían los ojos en la parte superior de la cabeza, no tenían boca y solo comían flores con las narices. Vivían en el cielo —que era muy frío— y en la tierra vivían los animales. Cuando los hombres bajaron a la tierra, Dios les dio el fuego Llegaron y encendieron hogueras. Las llamas calentaron el cielo. Era conveniente. Por eso Dios les había dicho que bajasen.

Enseguida cazaron animales, los asaron y se los comieron.

Nasacó fue el cocinero.

Ibaibo le puso al hombre la palabra en la boca, la vista en los ojos. La cabeza pudo ver lo que pensaba y pensar en lo que veía y con el tiempo en lo que no veía; o fue dejando de ver. Habló claro: entendía y la entendían.

Entonces las demás criaturas también quisieron tener cabeza. Cosa muy natural.

2. Los hombres reciben la palabra

Ibaibo vio que Olofi había creado al hombre y que Obatalá se había ocupado de darle una cabeza.

—Muy bien, muy lindo —comentó—. Pero no oigo qué habla.

—Ibaibo —dijo Olofi— dale la palabra y la vista.

Ibaibo hizo una ceremonia. Con un cuchillo le abrió la boca a la cabeza y en medio de la lengua trazó una cruz.

«Di bayacumao-cué yumao.»

El Cangrejo no tiene cabeza

El Cangrejo fue el primer animal que quiso tener una cabeza y se la pidió a Obatalá.

—A nadie le faltará su cabeza —le dijo Baba— para eso trabajo sin cesar desde que amanece hasta que anochece. Vuelve de aquí a un tiempo y te daré tu erí.

El Cangrejo se fue tierra adentro; luego por la costa hasta lo último, anunciando que Obatalá, a instancias suyas, fabricaría cabezas para todos, y que muy pronto todos podrían disponer de algo tan necesario. Mientras tanto pasaron días y días. Obatalá llamó al gran reparto de cabezas que tuvo lugar al pie del árbol Oú. Cada cual se puso su cabeza. (La misma que han seguido usando hasta el presente.)

El Cangrejo que camina reculando y desviándose, tres pasos atrás, tres pasos a un lado, nunca en línea recta, tardó tanto tiempo que al llegar se habían acabado las cabezas.

Era el único animal que había faltado al reparto.

—Lo siento —le dijo el Señor— a estas horas tienes que quedarte como estabas. No quedan cabezas en mi taller.

El primer rey

Había un hombre que no tenía cabeza, sin embargo se las arreglaba bastante bien con las manos... El Cangrejo era bueno, era noble y muy confiado, y aquel hombre era su amigo. Un día, por hacerle un favor, el Cangrejo le prestó su cabeza. Insambia Funguele había citado a todo el mundo a la loma Cheche Kalunga donde vivía, para discutir y decidir entre todos, quién debía sería rey de la tierra para que mandase a todos. El hombre se desenvolvió tan bien con la cabeza del Cangrejo, miró, observó, movió los ojos y sobre todo argumentó con tal elocuencia, que Insambia no dudó en proponerlo y hacerlo aceptar como jefe.

El Cangrejo, que no había asistido a la reunión, esperaba a su amigo un tanto impaciente.

—¿Qué hace usted ahí? —le preguntó el hombre al verlo.

—¿Qué hago aquí? Pues esperarlo a usté y a mi cabeza.

—Pues bien, sepa que he decidido quedarme con ella.

—No es necesario que se quede usté con ella, pues cuantas veces me la pida, tendré mucho gusto en prestársela. Pero ahora, devuélvamela enseguida que esta noche...

—¡Bah! ¡A mí me hace más falta que a usté! ¡Dése por descabezado, asunto concluido! ¡Adiós!

—¡De ningún modo! No consiento. No... —pero el hombre blandió el látigo de cuero de manatí que Insambia le había entregado como atributo de su cargo, y le dijo:

—¡Cangrejo, si vuelves a molestarme pidiéndome tu cabeza, te desbarato!

Sorprendido ante la traición del amigo y amedrentado por el chasquido del látigo cayó por la ladera de la montaña. Luego rodó la cuesta y donde antes llevaba la cabeza se le clavaron las dos piedrecillas que hoy le sirven de ojos.

Dadá (Obañeñe)

Cuando la traición de Oggún, Elegguá salvó a Shangó entregándoselo a Dadá. Ella crió a Shangó, le tenía lástima porque su padre lo había mandado a matar y se lo consentía todo. Parecía una gallina clueca y llegó a decirle a Shangó que no jugara con el fuego, que no riñese y no montara a caballo, porque podía hacerse daño.

Shangó ganaba siempre las peleas y montaba a caballo sin ser derribado. En cierta ocasión Shangó jugaba en la cocina y se cayó dentro del fogón y no sufrió daño alguno. Dadá se asustó mucho pero Shangó siguió jugando con las brazas fascinado con el brillo de éstas. Por esto Shangó era tan malcriado y no atendía a los consejos de nadie. La culpa era de Dadá.

1. Oshún

A Oshún, la bella entre bellas, le gustaba pasear por el monte.

Cantaba y jugaba con los animales porque ella amansa a las fieras y ni el alacrán la pica. Un día Oggún, el guerrero infatigable que vive en el monte, la vio pasar y sintió que le saltaba e corazón en el pecho.

Impetuoso y brutal, corrió tras ella, decidido a poseerla. Oshún, que estaba enamorada de Shangó, huyó.

Ágil como el venado, en su carrera desesperada atravesó los verdes campos de berro de Orisha Oko, el que asegura la fecundidad de la tierra.

Pero Oggún, enardecido y violento, estaba a punto de alcanzarla. Entonces Oshún se lanzó al río. Arrastrada por el torbellino de la corriente, llegó hasta la desembocadura donde se encontró a la poderosa Yemayá, madre de todos los orishas.

Compadecida, Yemayá la tomó bajo su protección, y le regaló el río para que viviera. Para alegrarla, la cubrió de joyas, corales e infinitas riquezas. Oshún vive en el río y por eso quiere tanto a Yemayá.

2. Oshún come adié por primera vez

La adié se dirigió hacia la orilla del río, allí vio Ewé Guama (escoba amarga) y puso sus huevos, pero cogió piojillo, y por lo mal que se sentía y la picazón tan grande que tenía, decidió irse. Por el camino la adié se encontró con Elegguá, y al verse rindieron Moforibale. Luego la adié le contó a Elegguá sus angustias y sus penas... y éste le dijo:

—Cuando tú veas la escoba amarga, te restriegas para que te quites tus malestares.

La adié le dio las gracias a Elegguá, continuó su marcha, encontró un camino lleno de escoba amarga y se acordó de lo que le había dicho Elegguá y lo tuvo en cuenta.

Pasado el tiempo la adié comenzó a sentirse igual que antes y empezó a desacreditar a Elegguá. Por entonces, lo único que comía Oshún era akuaro y eyele, no tenía desenvolvimiento y se sentía débil y muy mal de salud, por lo que se decidió ir a casa de Orula, quien le hizo Osode, le vio este Ifá, y le dijo:

—Usted se va a encontrar con un personaje que le va a ayudar a salir de todos sus problemas.

Unos días después, Oshún se encontró con Elegguá; éste la saludó y ella le devolvió el saludo. Elegguá, que conocía de la ingratitud de la adié, dijo para sí... «Que Oshún se coma la adié.» Y mirando a Oshún le dijo:

—¿Usted nunca ha comido adié? Debe probar ese manjar exquisito.

Continuaron caminando y Elegguá vio a lo lejos a la adié y le dijo a Oshún:

—Ahí está lo prometido.

Oshún cogió la adié, la mató y se la comió. Entonces Oshún comenzó a mejorar en todas sus cosas, gracias a Orula y a Elegguá. Y la adié, por desagradecida pagó con su vida haber calumniado a Elegguá.

3. Oshún y Orula

En mitad de la selva de la tierra de os orishas, vivían Oshún; Oggún, Shangó y Orula. Oshún, tan sensual, bella y erótica como ligera, vivía con Shangó, pero esto no le impedía flirtear con Oggún y con cualquier caminante que se perdiera en ese monte.

Por ese entonces, Orula, muy enfermo, decidió registrarse para saber cuánto duraría su desgracia. Se tiro el ékuele y le salió la letra Iroso Sa, que le recomendaba hacerse ebbó de inmediato. En este registro se le advertía también que tuviera mucho cuidado con el fuego, pues Shangó se había percatado de las infidelidades de su mujer.

Oshún, apenada porque Orula en su lecho de enfermo no podía salir a buscar las cosas para hacer el ebbó, le llevó todo lo necesario y Orula quedó muy agradecido.

Un día de primavera, mientras Oshún cocinaba una adié, la comida preferida de Orula, Shangó acechaba para venganzarse.

Seguro de encontrar juntos a Oshún, Oggún y Orula, Shangó formó una gran tormenta y, con sus rayos implacables, le prendió fuego a la choza de Orula. Oggún salió corriendo. Orula, del susto, volvió a caminar y logró alcanzar la espesura. Y Oshún, quien buscaba orégano y albahaca para sazonar la adié, al ver las llamas pensó en la invalidez del pobre Orula y, a riesgo de su vida, penetró en la casa para salvarlo.

Al no encontrarlo allí, desesperada y casi ahogada por el humo, salió llorando. Cuando vio a Orula, sano y salvo en un claro del monte, se abrazó a él.

Emocionados, ambos se juraron amistad eterna y Orula le dijo:

—Tú, que fuiste una pecadora, te acordaste de mí en los momentos más difíciles. De ahora en delante, comerás conmigo. Haremos juntos nuestra comida favorita, la adié. Te nombro además, mi apetebi. Juntos andaremos los caminos de los oddun y de los hombres.

Iború, Iboya, Ibocheché...

4. La mensajera

Los orishas pidieron a Oloddumare que oyera sus súplicas y acabara con el diluvio. Entonces decidieron mandarle mensajes con las aves. Probaron con varias pero ninguna podía volar tan alto.

Habían perdido toda esperanza cuando apareció un aura tiñosa y se ofreció para llevar el mensaje. Todos rieron sin saber que el aura hablaba en nombre de Oshún. Y cuando el aura preguntó qué mensaje querían dar a Oloddumare, nadie supo qué decir.

El aura voló varios días decidida a darle su propio mensaje a Oloddumare y, vencida por la fatiga, vio una luz muy grande que nunca antes había visto.

Se trataba de Oloddumare y el aura le dijo que aunque en el mundo había personas malas, otras se regían por la ley de Oloddumare y esas personas no merecían morir junto al resto.

De regreso el aura se transformó ante los orishas en Oshún y la lluvia cesó.

Los Ibeyis

A los mellizos Taewo y Kainde les gusta jugar siempre. No en vano son hijos de Shangó y Oshún. Durante cierto tiempo les dio por tocar unos tamborcitos mágicos que les había regalado Yemayá, su madre adoptiva. Por ese tiempo el Diablo puso trampas en todos los caminos y empezó a comerse a todos los humanos que caían en ellas. Ni hombres, ni mujeres, ni viejos ni niños escapaban a su voracidad.

Entonces los Ibeyis se pusieron de acuerdo y Taewo tomó uno de aquellos caminos, mientras Kainde lo seguía oculto en la espesura.

Taewo iba tocando su tamborcito con tanto gusto que el Diablo se quedó embelesado, le advirtió para que no fuera a caer en la trampa y se puso a bailar.

Cuando Taewo se cansó, Kainde salió del bosque y ocupó su lugar.

El Diablo estaba muy cansado, pero no podía dejar de bailar mientras sonasen los tamborcitos mágicos. Cuando estuvo agotado, los Ibeyis le hicieron jurar que retiraría todas las trampas. Así fue cómo los Ibeyis salvaron a los hombres y ganaron fama de poderosos, porque ningún otro orisha ha podido ganarle una pelea al Diablo.

1. Oyá Yansá

Oyá estaba casada con Oggún, pero se enamoró de Shangó y él la raptó. Un día Shangó estaba alborotado en una fiesta y lo apresaron y encerraron en un calabozo con siete vueltas de llave.

Shangó había dejado su pilón en casa de Oyá. Pasaron los días y como Shangó no venía, Oyá movió el pilón, miró y vio que Shangó estaba preso. Entonces Oyá gritó:

> Centella que bá bené
> Yo sumarela sube,
> Centella que bá bené
> Yo sube arriba palo.

No dijo más que esto y el número siete se formó en el cielo. La centella rompió las rejas de la prisión y Shangó escapó.

Oyá apareció en el cielo en un remolino, y se llevó a Shangó de la tierra. Hasta aquel día él no sabía que Oyá tenía centella.

Desde entonces empezó a respetarla.

2. El águila ayuda a Oyá

Oyá gobernaba en una tierra cerca de Abeokuta atravesada por un río y tenía muchos traidores a su alrededor que querían destronarla. Se habían infiltrado personas de otras tribus y Oyá sufría mucho porque los ejércitos de sus enemigos se vestían como el suyo y se confundían con éste.

Oyá se miró con Ifá y le contó su problema. Éste le dijo que su mejor amigo la podía ayudar. Se trataba del Águila que con el poder de su vista y lo alto que volaba podía desde arriba identificar a sus enemigos. Así con la ayuda del Águila, pudo vencer y castigar a todos sus enemigos y seguir gobernando en su tierra.

Oyá es Ocha de día y de noche se convierte en orisha con apariencia de antílope y con un rostro que parece sonreír. Este animal se llama Kudu.

Cuando Olofi creó los animales les permitió sufrir y sentir pero dejó para los humanos la risa, solo el Kudu sonríe.

3. Oyá celosa

Oyá estaba enamorada de Shangó, se puso furiosa después del matrimonio de éste con Obá y le pidió a Yemayá que intercediera con sus aguas para separarlos. Yemayá se negó, pues Shangó era su hijo preferido y trató de disuadirla.

Oyá, que siempre había amado a su madre Yemayá, se separó de ella y jamás volvió a comer carnero y se fue al cementerio. La furia de Oyá se trasformó en un fuerte viento que se sintió en todo el reino.

Obá

Obá, la esposa de Shangó, fue en cierta ocasión a ver a Oshún para preguntarle cuál era el secreto que le había permitido convertirse en amante de éste.

Oshún le dijo que era necesario retener a los hombres con el estómago, que el secreto estaba en brindarles sus manjares favoritos y se ofreció para enseñarle a hacer una sopa deliciosa.

El día en que Obá se encontró con Oshún para aprender a hacer la sopa, vio que Oshún tenía un pañuelo amarillo en la cabeza que le tapaba las orejas mientras en la superficie de la sopa flotaban dos setas.

Oshún le dijo entonces a Obá que las setas eran sus propias orejas y que Shangó quedaría encantado con este plato. En eso llegó Shangó, probó la sopa, la encontró muy buena y se fue con Oshún.

Algunos días después Shangó fue a comer a casa de Obá y ella, muy contenta, se cortó una oreja y la echó en la sopa que estaba preparando.

Shangó se disgustó al ver a Obá desfigurada y luego, al probar la sopa, la encontró asquerosa con aquella oreja humana que flotaba en su superficie. Furioso, repudió a Obá, quien lloró tanto que sus lágrimas formaron un río y más tarde lagos.

Obá se retiró del mundo, desolada buscó la soledad y desde entonces vive en el cementerio, donde guarda las tumbas.

Yewá

Yewá era bellísima, vivía aislada en el castillo de su padre Odduá, que la quería como a la niña de sus ojos. La fama de su virtud y su belleza llegó a los oídos de Shangó, y éste apostó a que podría seducirla.

Shangó se introdujo en el castillo de Odduá y se puso a arreglar las flores del jardín. Yewá se asomó a la ventana y al verlo, quedó prendada del apuesto orisha. Fue así como Shangó ganó la apuesta. Odduá, al enterarse, montó en cólera y Yewá, arrepentida, le rogó que la enviara a donde ningún hombre la viera. Entonces Odduá la nombró reina de los muertos. Desde esa época Yewá vive en el cementerio y desde allí entrega a Oyá los cadáveres que Babalú Ayé conduce hasta Orisha Oko para alimentarlo.

1. Babalú Ayé

Cuando se formó el mundo, Babalú Ayé, Chukuono o Shakpata llevaba una vida muy disipada y no cumplía con los mandatos de Olofi.

Era mujeriego y tuvo una enfermedad contagiosa. Entonces llegó la peste a la tierra yoruba. Los sacerdotes consultaron a los dioses a través del diloggún y vino Metanlá. Acordaron que era un oddún fatídico, y metieron los caracoles en una cazuela y la taparon con otra para tener las enfermedades controladas; a Babalú lo echaron tirándole agua mientras le decían:

—Ano burukú, unlo burukú.

Despreciado, anduvo a la deriva y se encontró con su hermano Shangó, que venía de tierra arará, donde había también una gran epidemia. Babalú le contó sus penas y le dijo:

—Shangó, donde quiera que paso me gritan «Ano burukú» y me maltratan.

Shangó le enseñó a curar con manteca de corojo, pan y maíz tostado; le dio los secretos de la curandería (secreto transmitido por Osaín) y le dijo que curara a los arará, que esperaban a alguien a quien coronarían rey. Babalú siguió su camino y salvó a los enfermos, fue tratado muy bien y recibido como el Asojin o Asojuano. Aún en nuestro tiempo es reconocido y reverenciado con el saludo de jazó baba.

2. Las palabras de Ifá

Baba el terrible mujeriego fue a Orula para una consulta. Ifá le dijo que no debería continuar así o pagaría con su propia carne y le ordenó hacer un ebbó grande. Baba pensó que la palabra de Ifá era solo para espantarlo y amedrentarlo, y continuó sin escuchar las palabras de la sabiduría de Ifá. En siete días Baba tuvo una enfermedad venérea, y apareció una horrible mancha en su piel que pronto se convirtió en una úlcera que desprendía un olor pútrido. Fue a los babalaos y todos le dijeron la misma cosa.

—Baba usted no oyó las palabras de Ifá, ahora usted debe pagar.

El tiempo pasó, Baba comenzó a perder peso y no podía trabajar, por lo que tuvo que vender la mayor parte de sus posesiones para sobrevivir. En breve tiempo quedó en la miseria y perdió su casa. Tuvo que pedir limosna y la gente le cerraba las puertas en su cara.

Era joven pero tenía la apariencia de un hombre mayor. Era una vergüenza para la nación y fue expulsado de la tierra yoruba. Se marchó de la ciudad en muletas, seguido por dos perros.

3. La lepra de Babalú

Babalú Ayé fue expulsado de la tierra arará a causa de su lepra.

Allí sellaron su boca para que no hablase y así llegó a tierra lucumí.

Oggún y Shangó le ofrecieron cada uno un perro para que lo ayudasen durante el viaje.

A su llegada a tierra lucumí Olofi dejó caer una lluvia que limpió a Babalú Ayé de todas sus impurezas. Allí estableció su reino Babalú y fue adorado y respetado.

1. Olokun

Cuenta la leyenda que en el principio de los tiempos solo existían Olorun, el Sol, y Olokun, el océano, que luchaban por el dominio de la tierra. Un día Olokun, enfurecido porque los hombres habían descuidado su culto, inundó la tierra y la hizo desaparecer bajo las aguas. Por más que le rogaron y suplicaron se negó a retirar el agua, que amenazaba con ahogarlo todo. Tuvo que bajar Obatalá, el señor del pensamiento, y atar con siete cadenas a Olokun en el fondo del mar para que nunca pudiera salir a la superficie ni hacer daño a la tierra ni a los hombres. Desde entonces vive en el fondo del océano, junto a una gran serpiente marina que solo saca la cabeza durante la Luna llena. Pero, incluso atado, se enfurece y agita las aguas hasta provocar terribles tormentas.

2. Los ríos acusaron a Olokun

Los ríos se reunieron para acusar a Olokun ante Olofi. Éste llamó a Olokun para que compareciera y así oír a todas las partes. Los ríos decían que Olokun no se ocupaba de la religión y que ellos se pasaban la vida llevándole los ebbós, y los adimús, y que él sin embargo nada hacía por ellos.

Mientras era acusado, Olokun se miró con Orula y éste le hizo un ebbó.

Cuando terminó, Orula le dijo que sazonara las dos cabezas de aure, y se las llevara a Olofi.

Olokun así lo hizo y fue a ver a Olofi, al llegar los ríos aún lo seguían acusando.

Y éste le dijo a Olofi:

—Padre aquí le traigo estas dos erís de aure sazonadas —y dicho esto se las entregó.

Olofi al ver que el acusado traía cosas del ebbó, mientras los ríos que no demostraban nada de lo que decían y solo se dedicaban a calumniar y farfullar les dijo así:

—Ustedes acusan a Olokun de no estar en la religión como yo mando, y tengo pruebas de que sí está en ella. Ordeno que desde hoy en adelante todas las cenas terminen en la casa de Olokun, para que así él se entere de lo bueno y de lo malo.

Orisha Oko

Obatalá tenía grandes plantaciones de ñame. El ñame era fruto sagrado, con poderes mágicos: en la noche hablaba como una persona y podía hacer hablar a éstas durante el sueño. Obatalá necesitaba que alguien atendiera los cultivos, pero tenía que ser muy discreto, porque crecían mediante una fórmula secreta.

Como el cuidador no podía ser fiestero ni mujeriego, Obatalá se decidió por Orisha Oko, un joven labrador conocido por ser muy serio y casto. Fue así que los ñames crecieron debajo de la tierra sin que nadie supiera cómo.

Inle

Inle era tan bello que Yemayá, enamorada, lo raptó y se lo llevó al fondo del mar. Satisfechos sus deseos, se cansó de él y lo devolvió al mundo.

Pero Inle había visto los misterios del mar y conoció sus secretos. Para que no hablara, Yemayá le cortó la lengua. Por eso Inle habla a través de Yemayá en el diloggún.

Historias de semidioses y de hombres

Odi Meyi. El enterramiento de los cadáveres

Hace mucho tiempo, en los inicios del mundo, los cadáveres no se enterraban, se llevaban al monte y se dejaban al pie de las ceibas. Fue un marido burlado, Mofa, quien puso fin a esta costumbre y cavó la primera fosa para castigar a su mujer, a quien enterró viva. Mofa amaba a su mujer, que no lo quería ni a él ni a su hijo, y tenía un ale, un amante, que no valía lo que Mofa, y que estaba muy lejos de amarla como Mofa. La mujer, sin embargo, le decía que no podía vivir sin él, y al amante, que no podía sufrir más la presencia de Mofa.

Llegó un día en que el amante le preguntó si estaba dispuesta a deshacerse de su marido. Había ideado un plan: ella fingiría estar muerta, cuando la dejasen bajo la Ceiba él iría a buscarla de madrugada y la conduciría a su casa. Aquella misma noche la mujer fingió morir. La desesperación de Mofa no tuvo límites, pero llegó el momento en que no quedó más remedio que abandonar el cadáver a Iroko; como habían convenido, el amante apareció esa madrugada y se la llevó.

Pasó algún tiempo y el amante de la mujer de Mofa, que vendía quimbombó en la plaza, pensó que era ella quien debía vender el quimbombó mientras él se quedaba en su casa sin hacer nada. Y la mujer ocupó su lugar en el mercado.

Un día ella vio venir a su hijo que, sin sospechar quién era, tenía costumbre de comprar quimbombó allí. El hijo la reconoció y fue a abrazarla, pero ella lo rechazó con dureza diciendo que no era su madre, ni madre de nadie. Sin embargo, el muchacho no dudó un instante: volvió a su casa, le aseguró a Mofa que su madre vivía y que estaba en el mercado vendiendo quimbombó.

—Desgraciadamente tu iyá está muerta, hijo mío. La dejamos muerta bajo la Ceiba.

Tres días después, ante la insistencia desesperada del muchacho, Mofa fue a la plaza, reconoció de inmediato a la mujer que había adorado, y también la quiso estrechar en sus brazos.

Mientras, ella gritaba con toda la fuerza de sus pulmones, pero el pobre Mofa gritaba más fuerte, y un gentío que no tardó en rodearlos presenció aquella extraña escena.

Acudió también el hijo de Mofa, que había seguido los pasos de su padre, y se descubrió la traición de la mujer. La muchedumbre pedía un castigo, y Mofa propuso —temiendo una nueva traición— que se abriera un hueco muy hondo en la tierra y quedase allí enterrada como una semilla.

Desde entonces los cadáveres no se llevaron más a Iroko, como había sido costumbre, sino que se sepultan a cuatro metros bajo tierra.

El leñador

Ogbe Juani era un leñador que iba todos los días a la plaza, junto a muchos leñadores más. Sin embargo, la única madera que se vendía era la de él. Los demás, al ver que sus maderas no se vendían, se reunieron y decidieron eliminarlo.

Lo siguieron, pero Ogbe vivía en el monte, en una casa rodeada de árboles, cubierta por el ramaje que no dejaba que los rayos del Sol entraran en su interior. Ni el mismo Olofi sabía dónde estaba la casa de Ogbe Juani. Un día el leñador salió confiado y los leñadores enemigos lo vieron, lo siguieron y encontraron su casa. Esperaron a que él fuera a la plaza, y le echaron bichos a sus árboles. El leñador llevó de nuevo sus maderas a la plaza y al aserrarlas, vieron que tenían bichos y perdió su venta y sus maderas.

Así se conocieron por primera vez las polillas, la carcoma, el comején (los bichos que pudren la madera de los árboles; y la envidia que corroe el corazón de los humanos).

Las pestañas

Las pestañas no cambian de color, las barbas de los viejos no tienen un color definido.

Ipempe Oju, fue el que sacó este Ifá, para los ojos cuando se dirigían hacia apere (la Tierra).

Así dijeron a los ojos que tenían que hacer ebbó con: dos eyeles, y opolopo owó. Para que de esa manera no viesen lo diabólico.

Cuando los ojos venían para la tierra fueron a verse con los adivinos, y ellos les dijeron que tenían que hacer ebbó ya que si no solo verían lo malo.

Los adivinos cogieron las palomas y pusieron una en el ojo izquierdo, y la otra en el ojo derecho, cogieron un paloma y la mataron junto con diez caracoles, mientras que una última paloma fue a manos del awó.

De esta forma los ojos no pueden ver lo diabólico, ni las cosas malignas, que hay en el mundo.

Sobre Ifá

Qué hizo Eji-Iwori para ser el tercero de los dieciséis Ifá

Cuando las dieciséis figuras de Ifá, o los dieciséis Meyis, iban a venir a la Tierra, Eji-Iwori quería ser el tercero entre ellos por el orden de la Tierra, pero las otras figuras de Ifá conspiraron contra él.

Enterado de lo sucedido, Eji-Iwori fue a mirarse con Ifá para que éste examinara su caso, le dijera qué tenía que hacer, y le encontrara un espacio para vivir en la tierra junto a los demás Meyis.

Ifá le dijo que tenía que hacer ebbó con:

Un Awre, un pilón, las hojas de Tele (Amaranthus Caudatus) y las hojas de Gbegbe (Icacina Trichantha) y Opolopo Owó.

Él oyó lo que se le dijo y preparó el ebbó.

Entonces le dijeron, que regresara a la Tierra otra vez.

Cuando llegó a la Tierra le dijo a los otros Meyis que venía a quedarse, y ellos le dijeron que se le había advertido que no había sitio para él allí.

Eji-Iwori contestó como los adivinos le habían enseñado, y les dijo así:

—El pilón testificará que yo veo espacio para quedarme.

La hoja de Tele testificará que yo veo espacio para quedarme.

La hoja de Gbegbe testificará que yo veo espacio definitivo para quedarme.

Cuando las otras figuras escucharon esto dijeron:

—Parece que es una cosa muy poderosa —y le recomendaron de inmediato que pasara y ocupara un asiento entre ellos. Eji-Iwori pasó y buscó un asiento en la tercera posición de las filas de Ifá.

Ocana Sode

Un hombre fue a mirarse con Orula y éste le dijo:

—Antes que usted haga un viaje tiene que hacer rogación al pie de Elegguá con un gallo, una paloma, coco, maíz tostado, pescado ahumado, una jutía, manteca de corojo, miel, aguardiente, y 21 pesos.

Él no hizo caso y en la salida del pueblo se encontró con un extraño personaje que tenía una cadena en la mano y traía un perro, le preguntó quién era y éste contestó:

—Ocana, bueno para unos, malo para otros.

Una vez más el hombre no le prestó atención, continuó su viaje y al llegar a un punto muy lejano, fue apresado por sospechoso. Estando en la cárcel oyó hablar a un adivino y le pidió una consulta, en la cual salió Ocana Meyi.

El adivino le dijo:

—Usted tiene una deuda con Elegguá, le tiene que dar un gallo y una paloma a los guerreros. Luego se limpia con coco y aguardiente —más tarde el adivino le nombró todo lo que le habían recomendado antes de caer preso—. Además usted se encontró con Elegguá a la salida del pueblo y lo ignoró.

El hombre se hizo el Ebbó y, «Ebbó fi ebboada» (El que se hizo ebbó se salvó).

Por qué Ifá no deja ver lo malo

«La guadaña tiene cabeza, pero no tiene cerebro», fue el Ifá que se miró, para los dos nudos (Eji-Iwori), cuando iba a la ciudad de Oyó.

Los awós le dijeron que tenía que hacer ebbó antes de hacer el viaje, para que no se fuera a encontrar con nada diabólico, y de esta forma nada más que viera cosas buenas y felicidad.

Le marcaron como ebbó: dos palomas, dos huevos de gallina, y dinero.

Ifá dice que él no deja que veamos lo diabólico en ese oddun de Ifá.

El padrino salva

Igbin tenía su oluó (padrino) y un día antes de morir, el padrino le dijo al ahijado:

—Mira, Igbin, aunque yo esté muerto, si me necesitas me llamas.

A los pocos días, otros awós fueron donde estaba Igbin y le dijeron que buscara owó (dinero) para arreglarle el camino, ya que su oluó estaba muerto. Igbin salió en busca del dinero y cuando regresó se encontró que los awós habían puesto al fuego un caldero muy grande, lleno de agua. Tan pronto llegó Igbin, lo apresaron y lo echaron en el caldero. Cuando el agua empezó a calentarse, Igbin imploró por su padrino, rezando su signo y en eso se presentó una gran tempestad de agua, que apagó la candela.

Los awós salieron huyendo y de esa forma Igbin se salvó, gracias a su padrino.

El problema no existe

Un hombre andaba descalzo acompañado por un amigo cuyas piernas habían sido amputadas.

El hombre descalzo gritó a Oloddumare:

—¡Tengo un problema! ¡No tengo zapatos!

Oloddumare dijo entonces al hombre descalzo:

—Usted no tiene un problema. Usted puede ir a la tienda y comprar un par de zapatos. Su amigo no puede ir a la tienda y comprar un par de piernas.

El babalao y su discípulo

Un día un babalao de gran alcance andaba lejos de su casa acompañado por un discípulo y encontró a un viejo que se lamentaba del cansancio de su caballo. El caballo llevaba el alimento para cierta aldea y estaba exhausto.

Entonces el babalao dijo al viejo:

—¿Cuál es el problema? ¿Por qué está usted tan triste?

Y el viejo contestó:

—Tengo que llegar a mi aldea y llevar el alimento a mi gente pero mi pobre caballo está muy enfermo.

El babalao le dijo al viejo que consiguiese un thunderstone y que éste solucionaría sus problemas con el caballo. El viejo consiguió lo que había pedido el babalao; éste llamó a Orula y pronunció el refrán de Oloddumare:

—¡Por la potencia de Shangó, este caballo volverá a la vida!

Cuando dijo estas palabras el caballo se levantó y continuó su viaje a la aldea.

Poco después, el discípulo se separó del babalao y volvió a su aldea convencido de que había adquirido una gran fuerza espiritual.

Allí fue recibido por el jefe de la aldea, quien vino a su casa a pedirle que curara a su madre que estaba muy enferma.

El discípulo dijo al jefe:

—Tráigame un thunderstone —y el jefe fue tan rápido como pudo y encontró la piedra.

El discípulo tomó la piedra y llamó Orula y a Oloddumare, golpeó a la madre del jefe con el thunderstone y la mató.

El jefe de la aldea se encolerizó y mató al discípulo.

1. Obbí

Olofi creía que Obbí era una persona justa, sin orgullo ni vanidad, así que lo puso en lo alto para que todo el mundo lo viera y lo tomara como ejemplo. Olofi, además, le puso a Obbí el alma blanca por dentro y por fuera, para demostrar su pureza. Y colocó a Elegguá, que fue siempre su verdadero mensajero, al servicio de Obbí.

Elegguá supo de esta manera quiénes eran los amigos de Obbí, y pudo comprobar que todos eran sanos, educados y limpios, es decir, casi perfectos.

Así en una ocasión en que Obbí había organizado una fiesta, Elegguá invitó a los pobres y enfermos que encontró. Al verlos Obbí se ofendió. Y Olofi enterado de todo lo sucedido, se disfrazó de limosnero, con las ropas más deshechas que pudo encontrar, y se fue a casa de Obbí. Cuando éste abrió la puerta, se sintió herido también por su presencia, y le dio la espalda.

Cuando Obbí se dio cuenta de lo sucedido y le pidió perdón, ya era demasiado tarde.

Olofi le dijo que todo lo que le había dado no era para despreciar a sus semejantes, y le dejó blanco por dentro, pero le puso bien negro por fuera, haciendo que al caerse de lo alto se arrastrara por el suelo. Le otorgó la facultad de que siempre que tiraran pudiera ver el destino de las personas necesitadas de ayuda.

Asimismo, recompensó a Elegguá, por lo que ninguna ceremonia comienza sin su consentimiento.

2. La vanidad de Obbí

Obbí era un santo muy presumido y vanidoso. Un día Olofi dio una fiesta a la que fueron todos los orishas. Obbí fue el último en llegar, y cuando iba a entrar, toda la gente que acostumbraba a congregarse en la puerta del templo fue a saludarlo y a pedirle dinero, como era costumbre. Obbí los rechazó y no quiso que lo tocaran.

Después, en el interior del templo, cuando todos los santos se sentaron en el suelo, Obbí no quiso hacerlo porque se ensuciaba, y fue tanta su vanidad y su orgullo, que las quejas llegaron a oídos de Olofi. Éste quiso comprobar si lo que decían era verdad.

Olofi dio otra fiesta y se disfrazó de mendigo, de manera que Obbí no lo conociera. Cuando lo vio entrar, le salió al paso para darle la mano y Obbí se la rechazó. Luego, al ver quién era, quedó tan sorprendido que perdió el habla. Olofi le dijo que le iba a devolver el habla, pero que donde único podría hablar, sería en el suelo, como castigo, por ser tan orgulloso y vanidoso. Por eso el coco se tira en el suelo y habla con dos caras.

3. El primer awó, poseedor del secreto del Obbí

En una tribu del Dahomey vivía un awó llamado Biagué. Éste tenía un hijo único llamado Adiatotó, y otros hijos adoptados que él había criado y que lo respetaban y querían. Biagué se sentaba todos los días debajo de un cocotero y con gran paciencia le enseñaba a Adiatotó su sistema adivinatorio, a través del coco seco.

Adiatotó se convirtió en un gran sabio de la adivinación por la gracia de los orishas que veían en él una esperanza para hablar con los humanos. Pero murió Biagué el awó, y los hijos adoptivos se llevaron sus pertenencias y echaron a Adiatotó de la casa. Éste anduvo por montes y montañas hasta que un buen día, sintió el repicar de los tambores llamando a una reunión en su antigua tribu, convocada con urgencia por el obbá. Adiatotó se dirigió hacia allí, cruzó ríos y lagunas alimentándose con todo lo que encontraba por el camino. Al llegar supo que el obbá tenía que entregar una tierra fértil que se disputaban los hijos adoptivos del awó; el obbá no les creía pues había oído decir en las leyendas que su verdadero dueño era Adiatotó.

El obbá le pidió una prueba a Adiatotó y éste le dijo que, si al tirar los cocos salían con la masa blanca hacia arriba, esto quería decir que la tierra era de él. Y así fue; pero el obbá quiso otra prueba.

Entonces Adiatotó le dijo que si salían dos boca abajo y dos boca arriba tendría la seguridad. Esto fue lo que ocurrió y el obbá lo llevó con él para tenerlo cerca y saber lo bueno y lo malo que el futuro le depararía.

El caballo

«Cuando el caballo despierta en la mañana, coge algo en su boca.

El Sol entra en la casa, a través de alguna rendija.»

Este fue el Ifá que fue consultado para el plomo, el bronce, y el hierro, hijos de la misma madre.

Ifá les dijo que tenían que hacer ebbó, para que el último que había nacido (el hierro) no muriera, y para que los otros dos, no tuvieran que llorar al hermano menor.

Este último tenía una boca como el filo de la cuchilla, y una lengua que lo discutía todo.

Por este motivo sus hermanos le dijeron que tenía que hacer ebbó con: Pedazos grandes de manteca de cacao, un chivo, una paloma, y owó.

Cuando los tres hijos de la misma madre oyeron esto, el bronce y el plomo, hicieron el ebbó, pero el hierro se negó diciendo que los adivinos decían mentiras, ya que si el Dios del cielo había ordenado las cosas así, ellos durarían por siempre.

El sacrificio que fue ordenado al hierro es el que se lo está comiendo hoy en día, y desde ese tiempo, si el hierro se entierra por cinco años se oxida y se deshace, pero sin embargo, no sucede lo mismo con el plomo, ni con el bronce, aunque estén muchos años bajo tierra.

Historias sobre reyes y hombres poderosos

El nuevo rey

Un leñador pasaba su tiempo cuidando animales y cortando leña.

Aburrido de su trabajo, decidió irse a pasar un tiempo a otro pueblo. Cuando llegó, pensó que si empezaba a trabajar terminaría como antes, así que se dedicó a decir mentiras. Un día les dijo a todos los del pueblo que si se acostaban temprano al día siguiente habría amero por las calles. Así lo hicieron, y por casualidad esa noche el mar se desbordó y junto con el agua salieron tesoros y monedas de oro. Cuando el pueblo se levantó al día siguiente, se sorprendieron al ver que era cierto lo que les había dicho el leñador. Empezaron a coger lo que el mar había dejado a su paso por las calles y fueron a buscar al leñador para que reinara en el pueblo.

La maldición que convirtió al pueblo yoruba en esclavo

En Oyó, reinaba Aole, principal obbá, rey de reyes de los yoruba. Era déspota y cruel; el pueblo soportaba en silencio, y el ejército, los ministros y funcionarios de la corte, acordaron mandarle una cesta llena de ojos de pájaros, símbolo del rechazo colectivo. Esto significaba que el rey debía poner fin a su vida. Aole acató la tradición, pero antes de suicidarse lanzó una maldición sobre su pueblo.

Desde la plaza frente a su palacio, disparó tres flechas: una al sur, otra a Occidente y otra al norte y gritó:

—Mi maldición caerá sobre sus cabezas por esta deslealtad y sus descendientes pagarán. Sus hijos serán llevados como esclavos en todos los sentidos en que disparé mis flechas. ¡Mi maldición los perseguirá hasta más allá del mar! ¡Sus esclavos gobernarán sobre ustedes y ustedes serán esclavos!

Luego rompió un plato de barro, y dijo:

—¡Una calabaza rota quizás pueda pegarse, pero un plato no! ¡Así será de irrevocable mi maldición!

Alamiyo el cazador

Alamiyo era el cazador principal del pueblo de Itoko, su generosidad era grande y dominaba muy bien el arte de la caza. Un día fue ante los sacerdotes de Ifá buscando adivinación y éstos le recomendaron que hiciera ebbó para evitar la ingratitud de la gente que se beneficiaba de su bondad. Él no quiso hacer el sacrificio porque tenía mucho éxito en su profesión y pensó que no era necesario.

Pasaron unos años y el cazador tuvo un sueño que lo atemorizó, por lo que fue de nuevo ante el oráculo y éste le recordó el ebbó que tenía pendiente, además de decirle que debía hacerlo para evitar que su vida se acortase a consecuencia de su benevolencia con la gente. Esta vez el ebbó se duplicó y no obstante el mensaje de los orishas, Alamiyo no hizo lo que le había sido indicado insistiendo que no necesitaba hacer ningún sacrificio.

Tras esto se fue de cacería y al llegar al pueblo de Ikogun se encontró con que la gente estaba atemorizada por la presencia de un pájaro que cada vez que cantaba provocaba la muerte de muchas personas.

Ningún cazador había podido matar al pájaro y el rey del pueblo habló con Alamiyo para que los ayudara. En ese momento apareció el pájaro y antes de que pudiera cantar, el diestro cazador lo dejó muerto con un disparo certero. La noticia se difundió rápido y volvió la alegría y la tranquilidad al pueblo.

Al mismo tiempo Elegguá reunió a los jóvenes y los convenció para que hablaran con los mayores y sacaran a Alamiyo del pueblo, diciéndoles que si podía matar de un solo golpe a un pájaro que nadie había podido matar, haría lo mismo con las personas si algún día lo desease. Así fue que el pueblo expulsó a Alamiyo sin importar que fuera él quien los liberó de su desgracia.

Confundido, el cazador llegó a otro pueblo llamado Iyinta, allí encontró la misma escena y la resolvió de la misma forma, matando el pájaro que les daba problemas. La población festejó con alegría y alabó al cazador por su hazaña, pero al poco tiempo lo expulsaron del pueblo a petición de Elegguá, de esa manera Alamiyo pagaba un alto precio por negarse a hacer ebbó.

El cazador llegó entonces al pueblo de Iye donde fue recibido con alegría y expectativa, ya que se habían enterado de los prodigios hechos en los otros dos poblados. Prometieron que no lo tratarían como en esos lugares y le pidieron que matase un venado que cada vez que chillaba provocaba la muerte de muchas personas. Alamiyo accedió, le dio muerte al venado y luego trató de asentarse en el lugar, sin embargo, Elegguá comenzó a difundir que Alamiyo era quien había traído el venado y por eso fue el único que pudo eliminarlo. Además de esto, Elegguá se transformó en un forastero que decía haber estado en los pueblos de Ikogun e Iyinta y les preguntó si la manera en que Alamiyo había matado al venado había sido disparando una flecha al azar, que había vuelto después a sus manos. Ellos dijeron que sí, que así mismo había ocurrido. Luego les dijo que tuvieran cuidado porque un hombre con ese poder podría destruir al pueblo con suma facilidad y Alamiyo fue expulsado de nuevo del lugar.

El experto cazador escondió su instrumento de caza y decidió dedicarse al arte de Ifá, algo que también hacía muy bien. Esta vez llegó a la tranquila ciudad de Iyesá y nadie lo reconoció, incluso se casó con la hija del obbá de la región y tuvo cuatro hijos. Pasado un tiempo se desató una guerra con la vecina ciudad de Oyó. El obbá reunió a su pueblo para hacer una adivinación general y determinar la manera de enfrentar al ejército enemigo. Elegguá, transformado en sacerdote de Ifá dijo a todos que en la reunión estaba el famoso cazador que hizo las proezas en Ikogun e Iyinta. También les dijo que el cazador había ocultado su identidad por las ingratitudes que esos dos pueblos habían tenido con él. Continuó diciendo que Alamiyo se había casado con la princesa y que con su arma misteriosa era el único que podía con el ejército que se aproximaba.

Cuando todos los ojos se dirigían hacia Alamiyo, Elegguá dijo que éste tenía una deuda en el Cielo donde por primera vez le habían marcado ebbó y no lo había hecho, y que si lo hacía se convertiría en el hombre más famoso de Iyesá, de lo contrario sería enterrado vivo.

Elegguá terminó la adivinación, Alamiyo se puso de pie y aceptó que había dejado de hacer sus sacrificios, y contó que éstos se habían acumulado. Con lágrimas en los ojos dijo que él había hecho mucho por la humanidad y que le habían pagado con mucha ingratitud, y por ello no se sentía obligado a ser caritativo con nadie.

Las mujeres que habían perdido a sus esposos en la guerra dieron el dinero para que Alamiyo hiciera los ebbós, así se hizo y a la mañana siguiente el antiguo cazador limpió su arma, cerró los ojos y lanzó tres flechas hacia el ejercito invasor.

Cada una mató a doscientos soldados y regresaron a sus manos.

Cuando el ejército de Oyó vio aquel poder, se retiró y la paz volvió a Iyesá.

Al poco tiempo el rey de Iyesá murió y como no tenía más hijos que la princesa, Alamiyo fue coronado rey. Éste alabó a Ifá y su reinado fue próspero.

Cómo la hiena llegó a ser rey de Igbodo

Ikoriko, la hiena, hijo del adivino del pescado, se miró con Ifá, y le dijeron que ese año su cabeza lo llevaría a un lugar en que encontraría su destino y felicidad.

Le dijeron que tenía que hacer ebbó con: «Eku meyi, Eja meyi, Adié meyi, Opolopo Owó».

Él oyó lo que se le dijo y obedeció.

Pasado un tiempo el rey de Igbodo murió, y Olofi para nombrar un nuevo rey, decidió celebrar un certamen entre los babalaos, metió un pescado dentro de una canasta, y dijo que aquel que recitara los versos de Ifá, y adivinara el rezo que él tenía en la canasta sería nombrado rey de Igbodo.

Todos los babalaos del reino vinieron y se pusieron a recitar Ifá, sin mencionar la palabra pescado, porque no sabían lo suficiente acerca de las alternativas de los Igbos.

Pasados unos días, Ikoriko llegó al pueblo donde se celebraba el certamen, y las gentes del lugar lo llamaron porque lo vieron con el ide puesto y creyeron que era un babalao.

Ikoriko les contestó que él no era awó, y que si él llevaba el Ide era porque él era awó faka, y añadió: «la enredadera entra al bosque con firmeza, Ogan se riega larga y fina, por los lados del camino, cuando uno sube la loma sus hombros se mueven en un ritmo de arriba y de abajo, yo soy el hijo del Adivino Paciente, Adivino de Alapa, sacerdote del pescado».

Al terminar de decir esto, las gentes escucharon la palabra mágica «pescado», y lo llevaron ante Olofi, le dijeron que él sí sabía de las alternativas de los igbos puesto que había mencionado la palabra «pescado», y así fue nombrado rey.

Pasados dos años, cuando Ikoriko llegó a ser honrado por todos, las hierbas y las chivas del reino empezaron a desaparecer debido a la maldad de Eshu, que las cogía y las escondía, ya que la hiena había hecho ebbó para ganar el título que ostentaba, pero no había hecho ningún ebbó para los débiles y hambrientos.

Eshu después de haber escondido todos los animales y plantas, fue al pueblo y le dijo a la gente:

—¿Saben ustedes quién se ha robado los animales y plantas?, ¿sabían ustedes que el rey ha cogido los animales y las plantas y se los ha comido?

La gente del pueblo se reunió y tomó la resolución de expulsar al rey de su trono, y así lo hicieron.

Cuando Ikoriko se vio arrojado de su posición, fue a verse con los babalaos del pueblo, y les preguntó qué tenía que hacer para recobrar su puesto.

Ellos lo miraron y le dijeron que tenía que hacer ebbó con seis pedazos de carne de vaca, manteca de corojo y dinero.

Él hizo lo que se le mandó, y llevó el ebbó donde los babalaos le dijeron, lo puso a orillas del río, antes de que saliera el Sol y cantaran los gallos, y se sentó a esperar junto al lindero donde comienza la maleza.

Al romper la luz del día, y cuando las mujeres de Igbodo venían a buscar el agua al lugar donde Ikoriko puso el ebbó, Eshu cogió las piezas de carne y las tiró en las jarras de las mujeres. Los pedazos de carne del ebbó se transformaron en patas de chivas, y el agua que las mujeres habían cogido del río, se convirtió en sangre.

Eshu llamó a la hiena, y le dijo que arrestara a las mujeres.

Cuando lo sucedido llegó a la corte, Eshu les dijo a las gentes del pueblo:

—Ustedes han destronado a su rey, porque él mataba a sus animales y se los comía, mientras ustedes mismos mandaban a sus esposas a que llevaran la carne a sus casas. Quieran o no, tendrán que nombrarlo rey otra vez.

Las gentes al oír lo que Eshu decía se reunieron y volvieron a hacer rey a la hiena del pueblo de Igbodo.

Kokoriko logró ser heredero del trono

Kokoriko era hijo del rey pero era muy atrevido, al extremo de ser odiado por todos.

El padre estaba muy triste ante el descontento de sus súbditos con el príncipe y decidió dejar la corona del reino a aquel que demostrara su habilidad y cazara un elefante.

Ese día Kokoriko, se había ido a mirar con Ifá, y éste le había marcado un ebbó, y como él no tenía los animales necesarios, entró en un patio y los tomó.

Al poco tiempo de haberse hecho el ebbó, mató un elefante con las flechas que le habían sobrado. Como no podía arrastrarlo él solo, se fue al pueblo en busca de ayuda. Pero sucedió que un miembro del reino pasaba por allí intentando también cazar un elefante, para así quedar como heredero del trono; vio el elefante muerto, le sacó la flecha, y se fue dispuesto a reclamar su derecho al trono.

Kokoriko desconocía la decisión que había tomado su padre respecto al trono.

Caminando por el pueblo, se encontró con Orula, quien le contó que su padre había ofrecido el trono a aquel que matara un elefante, y que ya uno se había presentado reclamando el puesto.

Kokoriko le contestó que él había matado un elefante y llevó a Orula al lugar en que lo había fulminado para que lo viera, y fue grande su sorpresa al comprobar que ya le habían sacado la flecha al elefante muerto.

Orula lo vio tan apenado que le dijo:

—Mira, a estas flechas yo les saqué una parte de las plumas que llevan atrás: coge esta otra, fíjate bien cómo son, escóndela bajo tus ropas y cuando llegues al palacio, desafía al impostor diciéndole que busque entre muchas flechas la que él usó para matar el elefante y que enseñe otra más como ésa —tras escucharlo, Kokoriko le dio las gracias a Orula y partió hacia el palacio.

Cuando llegó ya se estaban haciendo los preparativos para anunciar al nuevo heredero al trono, pero Kokoriko llamó al rey y a sus consejeros y les dijo que él había matado el elefante, y que el otro era un impostor, y que si no le creían se sometería a una prueba para identificar sus flechas entre cientos de ellas.

Al oír esto el rey le dijo que tenía derecho a hacer esa prueba.

Kokoriko demostró que había matado el elefante, y fue nombrado heredero del trono.

Osaín trae la paz

Existía una tierra que los bafiate (congos) llamaban Salanane, donde sus habitantes pasaban la mayor parte del tiempo en guerra con otros pueblos y entre ellos mismos.

Allí se hacían todo tipo de hechicerías, y ellos mismos estaban sumidos en la miseria. Estas guerras provocaron muchas muertes, y los cadáveres que no fueron enterrados trajeron una gran epidemia. Los pueblos de las inmediaciones padecieron también epidemias, entre ellos el pueblo congo iyobu. Cuando éstos fueron a quejarse al gobernador de uno de los grupos en contienda, no fueron atendidos porque los salanane presumían de violentos y de brujos, y por el contrario, les declararon la guerra.

El jefe de los iyobu mandó un emisario, que se llamaba Osaín, éste siempre iba acompañado por un chinito que cuidaba la puerta de su casa.

Osaín fue a casa de Orula quien le dijo que tenía que hacer ebbó para terminar con tanta hechicería y poner término a la guerra y que pusiera el ebbó al pie de una loma, y Osaín así lo hizo.

El mandadero bajó la loma y vio el gran ebbó que estaba allí y llamó a Shangó, pero quien bajó de la loma fue Obatalá que les dijo que buscaran a Oggún y que exigieran a los bafiates que terminaran la lucha, que Shangó sería quien gobernaría aquella tierra y que todos los habitantes debían limpiar sus casas con lo que Orula indicara.

Cuando Obatalá dijo esto a Oggún, éste fue diciéndole a los congos que él se marchaba de allí a otras tierras; que dejaran la hechicería, para evitar males peores. Sin embargo, ellos ignoraron a Oggún.

Una noche pasó por allí Osaín y sintió un fuerte olor a carbón de piedra y azufre quemado, junto con un murmullo de personas. Al acercarse para ver qué era lo que pasaba, como estaba oscuro, Osaín metió el pie en un hueco que estaba cerca de la puerta y sin querer pisó al chinito que estaba allí escondido. Éste dio un grito y rápidamente Osaín se lo llevó. Entonces la gente que estaba presente cerró las puertas diciendo que era el grito de un Eggún que se los iba a llevar; acordaron terminar con las hechicerías, y la guerra y vivir en paz. Así terminaron también las epidemias.

Cómo el dinero vino del cielo a la tierra

A Osegun Meyi no se le conoce por haber realizado trabajo alguno en el cielo. Solo era famoso por su carácter violento. Sin embargo, fue él quien reveló cómo el dinero vino del cielo a la tierra.

Él contó que un awó llamado Orokun Aro Koose Munukun hizo adivinación para el dinero cuando éste estaba preparándose para bajar del cielo hacia la tierra. Este mismo awó hizo también adivinación para las divinidades sobre lo que había que hacer para poder disfrutar de los beneficios que el dinero pudiera conceder.

A cada una de las divinidades se les dijo que hiciera sacrificio con 16 palomas, 16 gallinas, 16 ratas, 16 pescados, 16 panecillos de frijol (akara) y 16 eko. En lugar de hacer cada una un sacrificio como se les dijo que hicieran, ellas decidieron unir fuerzas para hacer un solo sacrificio.

Tras esto, el dinero partió hacia el mundo en forma de cauríes.

Tan pronto como vieron el dinero, las divinidades se reunieron y discutieron cómo llevarlo a sus diversos hogares para gastarlo. Sin embargo, Orula les aconsejó no cogerlo hasta que no hicieran nueva adivinación y sacrificio.

Oggún retó a Orula a que se quedara en su casa e hiciera adivinación y sacrificio mientras el resto de ellos iba a recoger el dinero.

Orula aceptó el reto y dijo que él no tenía intención de recoger el dinero y que ellos eran libres de marchar sin él.

Oggún tomó las guatacas y coas que había confeccionado con este fin y partió hacia el círculo de dinero. Tan pronto llegó allí, cavó profundo en la montaña de dinero, poniendo a un lado el que se podía sacar. Al cavar con mayor profundidad, la capa superior cedió y una avalancha cayó sobre Oggún y lo sepultó vivo, dejando cuatro pedazos de cauríes sobre su pecho.

Sampana fue el próximo en acercarse al cúmulo y terminó del mismo modo con 16 cauríes sobre su pecho. A todas las otras divinidades les pasó lo mismo, incluidos Shangó y Olokun. Como no regresaron a casa, Orula se preguntó qué les había sucedido. Entonces decidió ir a averiguar por sí mismo qué los retenía. Al llegar encontró que todas estaban muertas y reunió y ató por separado el número de cauríes que encontró sobre el pecho de cada una de ellas.

Se dice que la avaricia envió de regreso al cielo a la primera generación de divinidades que habitaron la tierra.

Mientras, Orula decidió que no tenía sentido acercarse al dinero del mismo modo que los otros y regresó a casa sin tocarlo.

Al llegar, llamó a Ifá quien le dijo que hiciera sacrificio con dos palomas, dos escaleras y cuatro pernos en forma de u. Ifá le dijo que clavara los pernos en forma de u en las cuatro esquinas del círculo y que sirviera el cúmulo con las dos palomas. Se le dijo que tirara ñame molido (obobo en bibi y ewo en yoruba) justo alrededor del cúmulo porque la paloma y el ñame machacado son la comida principal del dinero. Se le dijo que colocara las escaleras en el cúmulo y que comenzara a excavar en la cima.

Él hizo como le fue aconsejado por Ifá y mientras ofrecía el sacrificio al dinero, recitó un encantamiento diciéndole que nadie mata al que le ofrece comida y rogando que no lo matara como había hecho con otros habiéndole ofrecido su comida. Después de esto, se subió en el cúmulo con la escalera y excavó en él en pocas cantidades hasta que lo llevó todo para su casa.

Desde ese día Orula comenzó a sentarse encima del dinero, por ello su santuario se adorna con un trono de cauríes. Para consultar a Orula para una adivinación seria, el sacerdote de Ifá lo tiene que sentar en un trono de cauríes. Después de llevar el cúmulo de dinero para su casa, Orula invitó a los hijos mayores de las divinidades muertas y les dio a cada uno el número de cauríes que encontró en el pecho de su padre. Así se estableció el número de cauríes que Orula dio a los hijos de las divinidades muertas y que ellos usan para la adivinación hasta nuestros días.

Los hijos de Oggún usan cuatro cauríes para la adivinación, mientras que los hijos de Sampana y Shangó utilizan 16 cauríes.

Por esto siempre que Osegun Meyi sale en la adivinación de alguien, a esa persona se le aconseja que busque el dinero con precaución y discreción de manera que éste no pueda destruirlo.

1. Ajakadi

Todas las mañanas Ajakadi salía de su casa en el cielo para retar a cada una de las divinidades a un torneo en el que siempre vencía. Con este propósito se le había dicho que incluyera la columna vertebral de una serpiente en el sacrificio a Eshu para madurar su fuerza. Esta también es la razón por la cual a los hijos de Osegun Meyi se les prohíbe la carne de serpiente.

Cuando él nació, su padre preparó medicina con un hacha y la cresta de un gallo y las plantó dentro de su cabeza. Por esa razón creció para convertirse en un luchador invencible.

Comenzó sus torneos de lucha con Oggún a quien venció con facilidad. Continuó con cada una de las otras divinidades y siempre salió victorioso. Pero apenas podía obtener alimentos para comer porque todas las divinidades buenas del cielo le temían.

Un día, su ángel guardián decidió hacer algo para debilitarlo a fin de que pudiera prosperar. El ángel fue a ver a Eshu con un chivo y la columna vertebral de una serpiente para someter a Ajakadi.

Eshu se comió el chivo y se encargó de él. Cuando llegó de nuevo el torneo anual de lucha en el cielo, todos los huéspedes celestiales se reunieron y las divinidades ocuparon sus puestos por orden de antigüedad. Una vez más Ajakadi fue el primero en salir para ser retado. Como era habitual, transcurrió un tiempo largo y nadie se atrevió a desafiarlo. Según la tradición, si nadie retaba a un luchador, éste quedaba libre para retar a cualquiera.

Ajakadi señaló a Oggún, la divinidad de la guerra, más antigua y más fuerte de todas.

Oggún aceptó el reto y empezó el combate.

Ráudo levantó por el aire a Oggún con toda su fuerza pero cuando lo soltó para que cayera en el suelo, Eshu fijó en él su misteriosa mirada y milagrosamente Ajakadi cayó a tierra antes que Oggún. Sin que el propio Oggún supiera qué había sucedido.

Derribado Ajakadi, pidió a Oggún que lo decapitara con su espada. Dijo que nunca había sido vencido y que para él era una deshonra levantarse otra vez.

Cuando Oggún sacó su espada para decapitarlo, Eshu intervino y anunció que si alguien se atrevía a decapitar a Ajakadi habría un catástrofe y una congoja infinita en todo el cielo.

Para demostrarlo, hizo que los cimientos del cielo temblaran. El firmamento y el suelo del cielo empezaron a acercarse uno a otro y al instante se produjo una oscuridad total.

Entre tanto, Dios vio la confusión que había y preguntó quién había perturbado la paz del cielo. Dios supo que Oggún acababa de derribar a Ajakadi, el invencible luchador y ordenó que se hiciera todo lo posible para calmar a Ajakadi y devolver la tranquilidad al cielo. Una vez más, Eshu intervino y anunció que estaba prohibido que Ajakadi cayera al suelo y que para calmar al lugar donde él había caído, se le debían presentar las proporciones siguientes:

200 hombres
200 mujeres
200 vacas
200 chivos
200 carneros
200 perros
200 sacos de dinero y
200 de cada objeto de riqueza.

Las ofrendas fueron entregadas de inmediato y Eshu murmuró al oído de Ajakadi que se pusiese de pie y las aceptase. Tan pronto se puso de pie, el suelo y el firmamento volvieron a sus sitios. De nuevo hubo luz y la calma regresó a los cuatro confines del cielo.

Al volver a su hogar con su fortuna Ajakadi le dio un chivo vigoroso a Eshu en agradecimiento. También le dio la vaca más grande y el chivo y el carnero más grande a su ángel guardián.

2. Meyi llega a la tierra

Oshe Meyi bajó del cielo a la tierra sin decírselo a nadie, ni siquiera hizo adivinación o sacrificio alguno; se dice que había nacido con cabellos grises de padres viejos que habían perdido a esperanza de tener hijos y vivió hasta una edad avanzada en la tierra.

Era terrible, sus padres murieron cuando aún era un niño y a partir de entonces vivió solo. No practicaba la vocación de Ifá ni ninguna profesión respetable. Era luchador ambulante. Sin embargo, no llevaba una vida feliz, se alimentaba mal porque no hacía nada que le diese recursos para vivir.

Un día, fue al palacio de Alara a desafiarlo. Lo derrotó pero no obtuvo premio por su victoria. Entonces se fue a Ijero y allí también retó al ajero. También venció pero no logró premio alguno. Después fue para Owó donde venció, a su vez, al Olowo.

Entonces se fue a Benin donde venció al Oba-ado. Así hizo lo mismo con la totalidad de los 16 obbás del mundo conocidos en aquel momento.

Concluidos sus encuentros de lucha, regresó a su casa con las manos vacías y se encontró con tres sacerdotes de Ifá al borde del camino entre Ifé y Ado éstos lo detuvieron. Los alos se llamaban:

> Oshe kele, ogba Oggún
> Onagbaja, ogba ogoji
> Ekoji otunia, ogba agrikpa obubko.

Significando:

> Uno que dio saltos mortales y obtuvo 20 recompensas.
> Uno que fue hacia delante y obtuvo 40 recompensas.
> Uno que ganó un chivo después de tres días.

Después de la adivinación ellos le dijeron que pasaba hambre porque no desempeñaba la profesión que debía realizar en la tierra. No obstante, le aseguraron que prosperaría como luchador solo después de hacer un sacrificio en el cielo.

Él no los tomó en serio debido a que no podía imaginar cómo iba a viajar al cielo para hacer un sacrificio. En aquel tiempo Eshu había cerrado el camino entre el cielo y la tierra. Los awós le dijeron que él no podía esperar que cualquiera que él hubiese vencido en una competencia de lucha lo premiara con regalo alguno. Sin embargo, fue aconsejado para que ofreciera cualquier cosa que pudiera a su padre para que lo salvara de su aprieto.

Al llegar a la casa, le ofreció un gallo a su padre y le imploró que lo ayudara a andar por el camino de su destino. Mientras, su padre fue a su ángel guardián en el cielo y se quejó de que a Oshe Meyi no le iba bien en la tierra; su ángel guardián replicó que esto se debía a que era muy violento. Entonces su padre y su ángel guardián decidieron persuadir a las cosas buenas del cielo para que visitaran a Oshe Meyi en la tierra. El canto del gallo en la mañana es un signo de que todas las cosas buenas de la vida salen desde el cielo para hacer sus visitas diarias al mundo. En ese grupo están los niños, la paz, las riquezas, la permanencia el dinero, la salud y la prosperidad. Ellas abandonan el cielo temprano en la mañana para visitar a cualquiera que las pueda recibir en la tierra.

En las primeras horas de la mañana siguiente, tras el canto del gallo, las cosas buenas del cielo dijeron a los ángeles guardianes que se iban para la tierra y preguntaron si tenían mensajes para sus pupilos.

El ángel guardián de Oshe les pidió que le visitaran. Todas le dijeron que no se atrevían a visitarlo porque él las destruiría. Y le recordaron a su ángel de la guardia cuán violento era él en el cielo y la conmoción que causó allí antes de escapar hacia la tierra. Insistieron que el bien y el mal no vivían juntos excepto como enemigos y que el calor y la frescura no podían vivir juntos, como la luz y la oscuridad no vivían en el mismo lugar al mismo tiempo. Mientras insistiera en deshonrar a quienes pretendían ayudarlo, ellos nunca irían a verlo. Con estos argumentos las buenas nuevas del cielo salieron para la tierra.

El padre de Oshe lloró y apeló otra vez a su ángel guardián quien reveló que le había hecho pasar la noche con él para que fuese testigo de lo que había estado pasando desde que Ajakadi se había ido para la tierra.

Tras los ruegos persistentes de su padre, el ángel guardián cambió de estrategia. Le dijo al padre que regresara a su casa y que viera a su hijo antes de que el gallo cantara a la mañana siguiente.

Tan pronto como el padre de Oshe Meyi salió, el ángel guardián fue a ver a la esposa de la muerte y le regaló de nueces de kola. La enfermedad es la esposa del rey de la muerte. Y al iguale que las cosas buenas del cielo visitan la tierra cada día; la enfermedad, la esposa del rey de la muerte, visita al mundo todos los días. Su marido, en cambio, no viene al mundo; solo envía mensajes.

El ángel guardián de Oshe Meyi persuadió a la señora de la muerte para que se encontrara con él en la tierra y lo invitara al cielo. La vieja aceptó llevar el mensaje ese mismo día. Mientras, en la tierra Oshe Meyi enfermó súbitamente, cosa extraña porque él era muy sano. Hacia la noche su estado se agravó y quedó inconsciente. Como no gustaba a nadie, no tenía ninguna persona que lo atendiera.

De hecho, la gente se regocijó cuando lo encontraron muy enfermo y murió antes de la medianoche. Tras morir fue al cielo a casa de su ángel guardián. Su padre estaba presente cuando llegó Oshe Meyi. Solo entonces su padre comprendió qué quiso insinuar su ángel guardián cuando dijo que vería a su hijo antes de que el gallo cantara. A la mañana ambos le dieron la bienvenida y antes de que el gallo cantara, su ángel guardián le dijo a Oshe que se escondiera tras una estera que había preparado para la ocasión.

Poco después que el gallo cantó, las buenas nuevas del cielo estaban otra vez de visita en la casa de cada uno de los ángeles guardianes. Cuando llegaron a la puerta del ángel guardián de Oshe, éste las llamó a cada una por sus nombres respectivos: niños, confraternidad, riqueza, salud, prosperidad, dinero, etc. y les rogó una vez más que visitaran a Oshe Meyi. Otra vez le dijeron que su pupilo era demasiado vengativo para darles un recibimiento digno y que habían jurado no acercarse a su casa.

Su padre entonces gritó que Oshe debía escuchar lo que los ángeles de la fortuna decían de él. Y solo entonces Oshe comprendió que había vivido una vida equivocada.

Entonces preguntó a su ángel guardián y a su padre qué tenía que hacer. Se le dijo que cumpliera el sacrificio que había dejado de hacer antes de abandonar el cielo. Y se le aconsejó que diera un chivo a Eshu, quien lavaría su cabeza y su espalda para reducir poco a poco su fuerza física y diabólica.

Tras hacer varios ebbós volvió a la tierra y dos días después fue al palacio de Alara. En el camino se encontró a un viejo sacerdote de Ifá que era una transfiguración de Eshu y que fingió ser un adivino. El viejo sacerdote le dijo que él iba a una competencia de lucha pero aunque él podía vencer a sus oponentes, debía simular y caer al suelo tan pronto comenzara a luchar con ellos.

También le dijo que cuando gritara: gidigbo, gidigbo, la tonada que daba inicio a los encuentros de lucha, él debía tirarse al suelo.

En cuanto comenzaron a luchar, Oshe Meyi levantó a Alara y lo derribó, y después se echó al suelo antes de que el rey cayera sobre él. Así respetó el consejo que el viejo sacerdote de Ifá le había dado y permaneció en tierra.

Todo el pueblo estaba envuelto en una oscuridad total y la tierra tembló, los gallos pusieron huevos y las gallinas cantaron. Las mujeres que estaban embarazadas parieron y los animales del bosque corrían desesperados hacia el pueblo, mientras que los animales domésticos huían al bosque.

Cuando Alara vio lo que estaba sucediendo, rogó a Oshe Meyi que se levantara del suelo. Una vez más el viejo sacerdote de Ifá, que Oshe Meyi había encontrado en el camino, apareció de la nada e intervino. El viejo le dijo a Alara que al hijo de Orula le estaba prohibido caer al suelo y para que se levantara era necesario apaciguarlo con 100 hombres de cuerpos vigorosos, mujeres jóvenes y solteras, vacas, chivos, gallos, gallinas, bolsas de dinero, etc.

Alara ordenó que cada casa del pueblo trajera las proporciones requeridas. Tan pronto como las mismas fueron reunidas, Oshe Meyi se levantó y el viejo preparó iyerosun y lo sopló al aire y la luz, la paz y la tranquilidad tomaron el lugar de la oscuridad, a conmoción y la confusión. Oshe Meyi ordenó que llevaran las proporciones para su casa de Ifé y que levantaran nuevas moradas antes de que él regresara al hogar.

A la mañana siguiente, fue al palacio del ajero Kin Osa donde sucedió lo mismo, seguido de visitas similares al Illa Orongun, Olowo, Oonoi, obá Ado, etc. donde reunió premios similares.

Al final de su misión se convirtió en un hombre muy rico, la prosperidad finalmente había llegado a su camino.

Este incidente marcó el inicio del pago de dinero por la adivinación, porque tirar el instrumento okpele en el suelo significa la caída que Oshe Meyi tuvo a manos de los reyes. Por eso cuando Oshe Meyi aparece en la adivinación, a la persona se le aconseja que no haga demostraciones de fuerza. Y se le dice que no está prosperando en la vida y que no llegará a su camino si no cambia y actúa con cautela.

3. Oshe Meyi se dedica al arte y la práctica de Ifá

Tan pronto como se hizo rico, Oshe Meyi decidió dejar la lucha. Como no conocía otra profesión, decidió emplear por contrato a un número de sacerdotes de Ifá para que vivieran con él. Logró que algunos de los awós más hábiles del mundo vivieran con él o que hicieran visitas a su casa para hacer adivinación. Uno de estos sacerdotes de Ifá era Ose Kele Baba laro ile Orula.

4. Oshe Meyi hace adivinación para Akinyele de Iwere

Akinyele era un jefe famoso en el pueblo de Iwere. Una noche tuvo un sueño en el cual veía a un hombre con un cuerno y un fusil al hombro que cuidaba la entrada de una casa sin habitaciones, llena de tesoros. A Akinyele le aconsejaban que tratara de abrir la casa porque su riqueza estaba en ella. Fue a la casa, y lo esperaba el hombre del cuerno apuntándole con el fusil. Trató como pudo de persuadirlo para que lo dejara entrar pero el hombre era indomable.

Despertó faltándole el aire.

A la mañana siguiente fue a la casa de Ose Kele, pero le dijeron que éste había ido a Ifé a visitar a Oshe Meyi el luchador. Al llegar allí le contó el sueño al sacerdote de Ifá y este último hizo adivinación. Se le dijo que la buena fortuna y la muerte estaban acechando a su alrededor, pero que si hacía el sacrificio necesario la fortuna se pondría a su alcance y evitaría una muerte prematura. Se le aconsejó que hiciera sacrificio con 10 ratas, 10 pescados, 10 palomas (5 hembras y 5 machos), 10 pintadas, 2 chivas y 3 chivos, puercos macho y hembra y un carnero. Él hizo el sacrificio. Se le dijo que era Eshu a quien había visto en el sueño sentado encima de su fortuna. Por lo tanto debía servir a Eshu regando la sangre del chivo, no en el santuario de Eshu sino en la tierra desnuda apartada del santuario.

Después del sacrificio, Eshu abandonó su santuario para comerse el chivo que le habían ofrecido, y sin darse cuenta se quitó de encima de la fortuna de Akinyele en que había estado sentado. Así el ángel guardián de Akinyele arrastró la fortuna hacia dentro de la casa. De ahí en adelante las cosas comenzaron a salirle mejor a él.

Una noche había un fuerte temporal, sintió deseos de hacer sus necesidades y se levantó para ir a la letrina en el exterior de su casa. Llovía copiosamente.

Mientras estaba allí, oyó un ruido fuerte y cuando se levantó para ver qué había pasado vio cómo el techo de a letrina se derrumbaba. Ya había salido por la puerta cuando un árbol aplastó la letrina; le agradeció a dios el no haber perdido la vida en el accidente.

A la mañana siguiente, descubrió que había sido el siempre joven árbol de nuez de kola del fondo de su casa el que había sido arrancado de raíz por la fuerza de la tormenta de la noche anterior.

Vio que allí había un cofre de bronce que contenía varias cuentas, dinero y una corona enterrada por sus antepasados. Llevó el cofre para su casa y su contenido lo hizo muy rico.

Se hizo una túnica de cuentas y fue coronado de rey de Iwere.

Fiel a su sueño premonitorio tuvo riquezas y evitó a la muerte.

Glosario

Ano: enfermedad

Ano burukú (Unlo burukú): invocación cuyo significado es: «que se vaya la enfermedad, que se vaya»

Apere: tierra

Apetebí: persona que cuida de Orula

Ara kolé (ibu kole, kole kole): aura tiñosa. La tiñosa es sagrada porque lleva invocaciones, mensajes y peticiones a Olofi, la deidad suprema

Arará: nación ubicada en el territorio de Dahomey

Arayé: envidia

Arubbó: anciano

Ashé: «así sea», poder espiritual del universo, talento, gracia, bendición, virtud, palabra. Se dice de los atributos del santo

Ashupua: menstruación

Até: tablero que se utiliza en la ceremonia para bajar a Orula

Aure: chiva

Awó: secreto, sacerdote de Ifá

Awre: pilón, instrumento para moler semillas diversas con uso ritual

Ayagguna Solá: deidad masculina

Baba Layo: región referida en los patakines

Baba: padre

Babalao (babalawo; babalosha): padre de los secretos

Babalú Ayé: deidad masculina

Bafiate: congo

Busi: bendecir

Dadá: deidad femenina, hermana de Shangó

Dañe: deidad femenina identificada como Oyá

Diloggún: sistema de adivinación a través de los caracoles

Ebbó fi ebboada: el que se hizo ebbó se salvó

Ebbó: ofrenda sacrificial para los santos

Edósu: hígado

Eggún: los espíritus de los muertos. Se dice «ikú lobi ocha»: «el muerto parió al santo» (que quiere decir que los orishas no son más que espíritus elevados)

Eji iwori: tercera de las dieciséis figuras de Ifá (véase Ifá)

Ékuele: uno de los instrumentos de adivinación del babalao. Cadena con ocho fragmentos de cáscara de coco o de carapacho de tortuga que se utiliza en el sistema adivinatorio de Ifá

Ekute: ratón

Eleda: energía interior de Olorun

Elegguá (Elegba; Elegbara): deidad masculina asociada a los caminos y el destino

Elugó: fiebre

Endoko: cópula

Erí: cabeza

Esu (Eshu): divinidad mensajera entre los hombres y los orishas. Tiene varios nombres. Eshu Yanguí: controlador de la vida. Eshu Ona: señor de los caminos. Eshu Elegbara: transformación. Eshu Bara: asociado al destino personal de cada individuo. Eshu Alaketu: primogénito del mundo, considerado el primer rey de la ciudad de Keto

Etu adié: gallina de guinea

Eure: chiva

Eyé: sangre, siete, tragedia

Eyele: paloma

Eyó: guerra

Funo: intestino

Gbegbe: planta cuyo nombre científico es icacina trichantha

Ibaibo: deidad masculina

Ibeyis: gemelos

Iború: saludo

Iború, iboya, ibocheché: saludo que se hace a un babalao en rememoración de las tres mujeres que salvaron la vida a Orula. Para hacer este saludo se apoyan los dedos índice y del medio en el suelo, se les lleva a la frente y luego se les besa, al mismo tiempo que se pronuncia el saludo

Idefa: manilla de semillas que protege de la muerte

Ifá: sistema adivinatorio regido por Orula

Ifé ile ifé: ciudad origen de la religón y cultura yorubas

Igba (calabaza): recipiente que contiene los fundamentales, atributos y herramientas de la santería

Igbin: babosa

Igbodo: ciudad referida en los patakines

Igbos: grupo étnico de la región oriental de Nigeria

Ijero: ciudad referida en los patakines

Ikines: caracoles utilizados para la adivinación

Ikoriko: hiena

Ikú: muerte

Ilé: casa

Ilú: vientre

Illá: grande. Término asociado también a las marcas tribales que se llevan en el rostro como símbolos de distinción

Inle: deidad andrógina

Iña: discordia

Iroko: ceiba (árbol de tronco ancho que en la tradición animista yoruba protagoniza varios patakines)

Iroso sa: diloggun del Ifá

Isoku: cementerio

Iwere: aldea referida en los patakines

Iyá: madre

Iyerosun: polvo de adivinación

Iyesá: ciudad referida en los patakines

Iyinta: aldea referida en los patakines

Iyobu: pueblo congo

Jebioso: denominación arará de Shangó

Jujú: plumas

Kainde: nombre de uno de los ibeyis (véase Taewo)
Kola: palmera
Koró: aldea citada en los patakines
Kudu: especie de antílope oriundo de África. Se distingue por los colores y el contorno de su cara que parece reír

Legba: véase Esu (Eshu)
Lerroá: purgante

Maferefún: alabado sea
Malés: mandingas
Metanlá: oddun fatídico
Meyi: dos; también se llaman meyis a las dieciséis figuras de Ifá
Mina: ciudad referida en los patakines
Moforibale: yo te saludo postrándome
Moquenquen: niño

Nana burukú

Obá: deidad femenina
Obatalá: deidad masculina
Obbá: rey
Obbí: coco
Obo: genitales femeninos
Obobo: ñame molido
Ocana okana; Okana sodde: signo de peligro, de mal augurio
Ocha: santo
Ochiché: encantar
Ochosi: deidad masculina
Ochumare: arco iris
Odduá: uno de los avatares de Obatalá
Oddun oddu: letra del diloggun y de Ifá
Odi Meyi: deidad masculina
Ofó: vergüenza

Ofoché: polvos maléficos

Ofún: yeso (hecho de cáscara de huevo)

Ogbe Fun: letra del diloggun y de Ifá

Oggán: deidad masculina

Oggún: deidad masculina

Okan: corazón

Oké: montaña, orisha dios de la montaña

Oko: bote; embarcación. Acepciones: a) jardín, b) hombre, c) marido (okobiri, que también es mujer varonil); d) hermafrodita; e) hombre impotente, f) no viril, g) castrado (okobo)

Oloddumare: deidad femenina

Olofi: deidad masculina

Olokun: deidad masculina asociada con el océano

Olorun: deidad masculina asociada con el Sol

Oluó: padrino

Omordé: joven

Opolopo owó: dinero suficiente

Oraniyán: deidad masculina

Orí: cabeza, manteca de cacao

Orisha Oko: deidad masculina

Orisha: ser divino

Oroiña: el centro de la tierra

Orula (Orunla, Orunmilá): deidad masculina

Orun: reino de lo invisible

Osaín: deidad masculina

Oshún: deidad femenina

Osode: consulta religiosa

Osun: la pintura que se le pone al iniciado en el momento de asentarle el santo. Orisha mayor que se representa con un recipiente que en su parte superior tiene un gallo de metal

Otá (otan): piedra recipiente del orisha

Otí: aguardiente, ron

Oú: algodón

Owó: dinero, riqueza

Owunko: chivo
Oyá: deidad femenina amante de Shangó
Oyó: ciudad referida en los patakines

Pupa, pupua: rojo

Salanane: región referida en los patakines
Sampana: deidad masculina
Shangó: deidad masculina

Taewo: nombre de uno de los ibeyis (véase Kainde)
Tákua: región referida en los patakines
To iban Eshu: «que así sea»
Tulempe: región referida en los patakines

Yemayá: deidad femenina
Yemú: deidad femenina
Yewá: deidad femenina

Libros a la carta

A la carta es un servicio especializado para
empresas,
librerías,
bibliotecas,
editoriales
y centros de enseñanza;
y permite confeccionar libros que, por su formato y concepción, sirven a los propósitos más específicos de estas instituciones.

Las empresas nos encargan ediciones personalizadas para marketing editorial o para regalos institucionales. Y los interesados solicitan, a título personal, ediciones antiguas, o no disponibles en el mercado; y las acompañan con notas y comentarios críticos.

Las ediciones tienen como apoyo un libro de estilo con todo tipo de referencias sobre los criterios de tratamiento tipográfico aplicados a nuestros libros que puede ser consultado en Linkgua-ediciones.com .

Linkgua edita por encargo diferentes versiones de una misma obra con distintos tratamientos ortotipográficos (actualizaciones de carácter divulgativo de un clásico, o versiones estrictamente fieles a la edición original de referencia).

Este servicio de ediciones a la carta le permitirá, si usted se dedica a la enseñanza, tener una forma de hacer pública su interpretación de un texto y, sobre una versión digitalizada «base», usted podrá introducir interpretaciones del texto fuente. Es un tópico que los profesores denuncien en clase los desmanes de una edición, o vayan comentando errores de interpretación de un texto y esta es una solución útil a esa necesidad del mundo académico.

Asimismo publicamos de manera sistemática, en un mismo catálogo, tesis doctorales y actas de congresos académicos, que son distribuidas a través de nuestra Web.

El servicio de «libros a la carta» funciona de dos formas.

1. Tenemos un fondo de libros digitalizados que usted puede personalizar en tiradas de al menos cinco ejemplares. Estas personalizaciones pueden

ser de todo tipo: añadir notas de clase para uso de un grupo de estudiantes, introducir logos corporativos para uso con fines de marketing empresarial, etc. etc.

2. Buscamos libros descatalogados de otras editoriales y los reeditamos en tiradas cortas a petición de un cliente.